कोशिका से मानवता तक

कविताओं में जीवन की विकास यात्रा

डॉ मुकेश अग्रवाल

अनुक्रम

मन की बात

कोशिका से मानवता तक: कविताओं में जीवन की विकास यात्रा" एक अद्भुत और गहरी यात्रा है, जो जीवन के आरंभ से लेकर मानवता के समृद्ध भविष्य तक फैली हुई है। इस पुस्तक में, मैंने जीवन के छोटे से आरंभ से लेकर, उसके जटिल रूपों तक की यात्रा को कविताओं के माध्यम से व्यक्त करने का प्रयास किया है। हर कविता जीवन के किसी महत्वपूर्ण मोड़, किसी अद्वितीय घटना और उस समय की सोच और संवेदनाओं को उजागर करती है। यह पुस्तक न केवल विज्ञान और विकास की गहरी समझ देती है, बल्कि मानवीय भावनाओं और जीवन के मूल सिद्धांतों को भी कविता के रूप में प्रस्तुत करती है।

जीवन की शुरुआत, जो एक साधारण कोशिका से हुई, अब तक अनगिनत परिवर्तनों से गुजर चुकी है। हम सभी इस महान यात्रा के हिस्सा हैं और यही यात्रा हमें समझाती है कि जीवन सिर्फ अस्तित्व का नाम नहीं है, बल्कि यह परिवर्तन, संघर्ष, और निरंतर विकास का एक अद्वितीय कहानी है। जीवन का यह यात्रा निरंतर बदलती हुई प्रकृति, नई खोजों, और मानवता के अनुभवों से समृद्ध है, जो हमारे अस्तित्व के अर्थ को तलाशती रहती है।

इस पुस्तक में हर कविता के साथ, मैं पाठकों को समय के विभिन्न पड़ावों से परिचित कराना चाहता हूँ, जो न केवल हमारे जैविक अस्तित्व से जुड़े हैं, बल्कि हमारे सांस्कृतिक, सामाजिक और मानसिक विकास को भी उजागर करते हैं। हर कविता में गहरी सोच और भावनाओं का समावेश है, जिससे हम समझ सकते हैं कि हम कहाँ से आए हैं और कहाँ जा रहे हैं।

मेरे लिए यह पुस्तक एक आभार प्रदर्शन है, उन सभी अज्ञेय शक्ति और सृजनात्मकताओं के प्रति, जिन्होंने इस जीवन की यात्रा को संभव बनाया। जीवन के छोटे-छोटे क्षणों से लेकर, विशाल ब्रह्मांड तक की यात्रा, इस पुस्तक के माध्यम से मैंने उन सभी घटनाओं, रूपों और

विचारों को संजोने का प्रयास किया है जो मानवता की उत्पत्ति से लेकर उसके वर्तमान और भविष्य तक का हिस्सा हैं।

आशा है कि यह कविताएँ आपके भीतर की सोच और समझ को न केवल प्रेरित करेंगी, बल्कि एक गहरे आंतरिक एहसास को भी जागृत करेंगी। जीवन के इस अनंत यात्रा की सुंदरता और गहराई को समझने के लिए मैं आपका आभार व्यक्त करता हूँ और इस पुस्तक के हर पृष्ठ को आपके साथ साझा करने के लिए उत्साहित हूँ।

आभार
डॉ. मुकेश अग्रवाल

सृष्टि की शुरुआत

ब्रह्मांड का आरंभ और पृथ्वी का जीवन के लिए तैयार होना।

यह काल 13.8 अरब वर्ष पूर्व ब्रह्मांड की उत्पत्ति से जुड़ा हुआ है। विज्ञान के अनुसार, यह वो समय था जब एक असीम ऊर्जा के एक बिंदु से महाविस्फोट (बिग बैंग) हुआ, जिससे अंतरिक्ष, समय, और पदार्थ का जन्म हुआ। इस विस्फोट ने असंख्य कणों को उत्पन्न किया, जो ब्रह्मांड के विस्तार में बहते, टकराते, और एक-दूसरे से जुड़ते चले गए।

प्रारंभ में, ये कण मात्र ऊर्जा और छोटे कणों के रूप में थे, परंतु धीरे-धीरे अणु, परमाणु, और उससे आगे चलकर सितारों, ग्रहों, और आकाशगंगाओं का निर्माण हुआ। यही काल ब्रह्मांड में पदार्थ की संरचना की नींव बना।

इस युग में, तारे बने और जलकर अपनी ऊर्जाओं से नए तत्व उत्पन्न किए, जिनसे ग्रह और हमारे जैसे अन्य अंतरिक्षीय पिंडों का निर्माण हुआ। यह काल "कण-कण में जीवन" का प्रतीक है, जहां हर छोटे कण में जीवन के बीज निहित थे। यहीं से ब्रह्मांड में सृजन और जीवन की संभावनाओं की शुरुआत हुई, जिसने आगे चलकर पृथ्वी जैसे ग्रह पर जीवन के विकास का मार्ग प्रशस्त किया।

कण-कण में जीवन

अनंत शून्य में,
एक बिंदु था,
अतल गहराईयों में छिपा,
असीम ऊर्जाओं का संगम,
जिसने एक दिन फूंका जीवन का शंख,
और गर्जन से गूंज उठा अंतरिक्ष।

फिर एक विस्फोट,
असंख्य कणों की फुहार,
उड़ते, बहते, भटकते हुए कण,
जिन्हें कोई दिशा नहीं,
कोई संगी नहीं,
पर एक सपना जरूर था —
बनाने का, सृजन का, मिलकर कुछ रचने का।

समय की नदी में,
ये कण बहे,
एक हो गए, विभाजित हुए,
फिर से जुड़े,
अणु बने, परमाणु बने,
हवा की गहराइयों में लहराते हुए।

हर कण में एक संभावना,
हर कण में जीवन का एक राग,
जिसे सुनने को कोई न था,
सिवाय समय की चुप्पी के।

मिलते-मिलाते, बुनते-बिखरते,
उन्होंने रचा एक समवेत नृत्य,
जहां अंधेरों में पहली किरण जागी,

और जीवंत प्रकाश की लौ जल उठी।

इस लौ से बने तारे,
गैलेक्सियों में फैली ज्योति,
हर तारे ने सृजन का बीज बोया,
ग्रहों की छाती पर रोपित किया जीवन।

तारों की राख से बने ग्रहों की गोद में,
धीरे-धीरे रचने लगी प्रकृति,
समय के गहन प्रवाह में,
फिर से कुछ नया, कुछ अपना।

आकाश के नीचे,
धरती ने अपने हृदय को खोला,
हर श्वास में जीवन का अदृश्य सूत्र बसा,
और सृष्टि ने अपना पहला कदम रखा।

असंख्य वर्षों की यह यात्रा,
बस कुछ कणों की बातें थीं,
मिलकर आकार बनीं,
और आज, इसी कण-कण में बसता है जीवन।

आज हम हैं,
पर उन कणों का नृत्य अब भी जारी है,
उनमें हर पल गूंजता है,
वही पहला सुर — "कण-कण में जीवन"।

13.8 अरब वर्षों की इस यात्रा का मूक संगीत,
अब भी हर अस्तित्व में गूंज रहा है,
इस ब्रह्मांड के हर कोने में,
हर धड़कन में, हर सांस में,
बस वही एक राग, वही एक गीत,
जिसे हम कहते हैं — जीवन।

पहला जीवन: एक कोशिका की गाथा

पृथ्वी के महासागरों में प्रथम एककोशिकीय जीवों का विकास।

3.8 अरब वर्ष पूर्व, पृथ्वी एक आदिकालीन स्थिति में थी—गर्म, उथल-पुथल भरी, और गहरे महासागरों से घिरी। उस समय पृथ्वी का वातावरण जीवन के लिए प्रतिकूल और विषाक्त था। जीवन के लिए कोई ठोस संरचना या जटिलता नहीं थी, परंतु एक अद्वितीय रासायनिक प्रक्रिया चल रही थी।

इन्हीं आदिकालीन महासागरों में तत्वों की परस्पर क्रियाओं से, जीवन का पहला बीज—एक एककोशिकीय जीव—जन्म ले रहा था। प्रकृति की प्रयोगशाला में कार्बन, नाइट्रोजन, ऑक्सीजन जैसे तत्वों के मिश्रण ने पहली कोशिका का निर्माण किया। यह एक सरल और सूक्ष्म संरचना थी, लेकिन जीवन की यात्रा की प्रथम कड़ी थी।

यह काल पृथ्वी पर जीव विज्ञान के प्रारंभ का प्रतीक है, जब सरलतम एककोशिकीय जीव महासागरों के अंधेरे तल में पहली बार प्रकट हुए। यहीं से जीवन की विकास यात्रा का आरंभ हुआ, जिसने आगे चलकर जैव विविधता, प्रजातियों और मानवता की नींव रखी। यह समय जीवन के उस अमृत क्षण का प्रतीक है, जब सृष्टि ने पहली बार सांस ली और विकास की अनंत संभावनाओं का द्वार खोला।

अमृत की बूंद

गहन अंधकार से ढके महासागरों में,
एक विलुप्त मौन था,
शून्यता की गहराई में,
छिपा था जीवन का पहला बीज।

जल की सतह के नीचे,
संघर्ष और प्रतीक्षा का संगम,
प्रकृति की अदृश्य प्रयोगशाला में,
रच रही थी वह प्रथम कण।

मूल तत्वों का नृत्य,
कार्बन, नाइट्रोजन, ऑक्सीजन के झरने,
बिजली की चमक,
और जलधाराओं का कम्पन,
समेट रहे थे संभावनाओं की बूंद।

वह कोई आकार नहीं था,
कोई पहचान नहीं,
पर थी वह नन्ही सी बूंद,
सजीवता का प्रथम स्पर्श।

आदिकाल की इस शांति में,
प्राण का प्रथम कंपन,
उस पल की गूंज,
विस्तार पाकर बन गई जीव की नई राह।

उपनिवेशित करती महासागरों की गहराई को,
एककोशिकीय जीवन की पहली सांस,
जैसे हो कोई अदृश्य सूत्रधार,
रच रहा हो सृष्टि का पहला संगीत।

रासायनिक धागों की गुत्थी में,
छिपी थी एक नई दुनिया की संभावना,
जीवन का प्रथम सुर,
एक अनकही कहानी की शुरुआत।

सदियों का अनवरत प्रवाह,
विकास की सतत यात्रा,
और यह छोटी सी "अमृत की बूंद,"
जो बन गई एक वृहद अस्तित्व का बीज।

इस महासागर में कहीं,
आज भी हैं उसकी गूंजें,
हर कण, हर जलकण में,
जीवन का वह अमर संदेश,
कि संघर्ष, सृजन, और संभावना में,
छिपा है हर जीवन की नींव का अमृत।

शैवाल और प्राचीन वनस्पति

शैवाल और प्राचीन पौधों की कहानी, जिन्होंने प्रकाश संश्लेषण और ऑक्सीजन का उत्पादन किया।

शैवाल और प्राचीन वनस्पति का काल (3.5 अरब वर्ष पूर्व)

यह काल पृथ्वी पर जीवन की पहली झलक का प्रतीक है। लगभग 3.5 अरब वर्ष पूर्व, महासागरों की गहराइयों में, शैवाल के रूप में जीवन का प्रथम अंकुर फूटा। इस एककोशीय जीव में जीवन की नींव छिपी थी—यह पृथ्वी पर हरियाली का पहला संकेत था। शैवाल, सबसे आदिम वनस्पति, ने प्रकाश संश्लेषण की प्रक्रिया को जन्म दिया, जिससे ऑक्सीजन का निर्माण हुआ और धीरे-धीरे वायुमंडल में बदलाव आया।

शैवाल से उत्पन्न इस हरियाली ने पृथ्वी के पर्यावरण में पहली बार ऑक्सीजन घोलना शुरू किया, जो आगे चलकर जटिल जीवन रूपों के विकास का आधार बनी। यह काल उन शुरुआती प्रयासों का प्रतीक है, जिनसे आज के विविध जीवों का जन्म हुआ। यह समय जीवन की उस अदृश्य धारा का है जिसने सागर की गहराई में आकार लिया और धरती पर जीवन की नींव रखी।

हरियाली का पहला रंग

3.5 अरब वर्ष पूर्व,
जल की अथाह गहराई में
छुपा था जीवन का पहला संकेत।
कोई हलचल नहीं,
सिर्फ मौन और गूंजता सन्नाटा,
न ही आकाश की चंचलता,
न ही मिट्टी का आधार।

कहीं एक सागर की लहर ने,
अनजाने में रचा था
एक अदृश्य कण,
जो जीवन की पहली सांस था।
उसे न नाम था, न चेहरा,
बस एक छोटी सी झलक,
उस हरियाली की,
जो आने वाली थी।

हरियाली का पहला रंग,
कोई रंग नहीं था,
बस जीवन का एक कण,
जो जीवन से लबालब भरा था।
न सूरज का ताप था उस पर,
न चाँद की ठंडक का असर,
बस वह अपने भीतर सहेजता था
विकास का प्रथम अंकुर।

सागर की लहरों ने
उसे थामा, सहेजा,
जैसे कोई माँ अपनी संतान को
थाम ले पहली बार।
वह शैवाल,

जिसने पृथ्वी पर उगाई
पहली हरियाली की परत,
एक नई संभावना की राह बनाई।

शैवाल के उस हरे रंग में,
जो अब भी है हर पत्ते में,
हर शाख में,
छुपा था एक मौन संदेश -
विकास यात्रा का पहला अध्याय,
हरियाली का पहला रंग।

समय के साथ,
उस एक कण ने उगाई शाखाएँ,
रची पत्तियाँ,
फैली धरती पर,
बनी प्राचीन वनस्पति का प्रथम स्वरूप।
उसे नहीं थी कोई जल्दी,
उसका विकास,
सदियों की गहराइयों में ढला,
धीरे-धीरे, चुपचाप।

हरियाली का वह पहला रंग,
अब अतीत का हिस्सा है,
परंतु उसकी छवि,
हर हरे पत्ते में जीवित है।
शैवाल और प्राचीन वनस्पति,
कविता में हरियाली का पहला रंग,
जो जीवन की नींव में
हमेशा के लिए अंकित है।

अधूरा था वो, परंतु सम्पूर्ण भी था,
विकास की शुरुआत का वह पहला रंग,
जो अब भी जीवन की हर श्वास में,
हमें हमारी उत्पत्ति का स्मरण कराता है।

समुद्र की गहराई में अद्भुत जीवन

समुद्र की गहराई में अद्वितीय जीवों की उत्पत्ति और उनके जीवंत रंग और गुण।

समुद्र की गहराई में अद्भुत जीवन (3 अरब वर्ष पूर्व)

लगभग तीन अरब वर्ष पूर्व, पृथ्वी पर जीवन के सबसे प्रारंभिक रूपों की उत्पत्ति समुद्र की गहराई में हुई। यह समय था जब जीवन का आरंभ अति सूक्ष्म रूपों से हुआ, जिनमें बहुलांश में अणु, बैक्टीरिया और सूक्ष्मजीव शामिल थे। इन जीवन रूपों ने समुद्र की गहरी और अंधेरी जलधाराओं में अपना अस्तित्व पाया। इस काल में पृथ्वी पर वायुमंडल में ऑक्सीजन की कमी थी और जीवन के लिए सबसे उपयुक्त स्थान समुद्र की गहराइयाँ थीं, जहाँ सूर्य की रोशनी नहीं पहुँचती थी, लेकिन जीवन के लिए आवश्यक रासायनिक प्रतिक्रियाएँ हो रही थीं।

यह समय पृथ्वी के जैविक विकास का एक प्रमुख अध्याय था, जहाँ जीवन के बुनियादी घटक और गुण विकसित हो रहे थे। यहाँ के जीव अद्भुत थे, जो अंधेरे में भी जीवित रहने की अद्वितीय क्षमता रखते थे। इन जीवन रूपों ने धीरे-धीरे और समय के साथ विभिन्न जटिल संरचनाओं और प्रक्रियाओं का विकास किया, जो आगे चलकर पृथ्वी पर जीवन के विविध रूपों की नींव बने।

समुद्र की गहराइयों में छिपे इन अद्भुत जीवों ने जीवन की शुरुआत का पहला कदम उठाया, और आज भी उनका अस्तित्व पृथ्वी के जैविक इतिहास में एक महत्वपूर्ण मील का पत्थर है।

अंधेरे में चमकते मोती

वह समय,
जब पृथ्वी ने पहली साँस ली,
काली लहरों का अंतहीन विस्तार,
समुद्र की गहराई में छिपी एक अनकही कहानी थी।

तीन अरब वर्ष पूर्व,
गहराइयों में जीवन की हल्की सी धड़कन,
अंधेरे की मोटी चादर के नीचे,
छोटे-छोटे जीवों का एक अदृश्य संसार था,
चमकते मोती जैसे,
अद्भुत, नन्हे योद्धा,
जिनकी आँखें नहीं थीं, पर जीवन था।

उनका रंग, उनके रूप,
कोई नहीं देख सकता था उन्हें,
पर वे जीवित थे,
अंधकार को चीरते,
खुद के भीतर रोशनी को जन्म देते।

गहरे सन्नाटे में,
जैसे कोई जुगनू चमकता हो रात के अंधेरे में,
वैसे ही ये प्राचीन जीव
पल-पल अपने अस्तित्व को टटोलते,
जलधाराओं में तैरते, घुलते,
मानवता का पहला अध्याय लिखते।

वे कोई विशालकाय नहीं थे,
न कोई दहाड़ती आवाज़,
बस नन्हे से कण,
जो अपने भीतर सृजन की अद्भुत शक्ति को लिए हुए थे।

समुद्र की गहराई में,
जहाँ सूर्य की किरणें कभी न पहुँचीं,
वहाँ की ठंडी लहरों में,
वे अपने भीतर एक जलती हुई लौ सहेजे थे।

इस यात्रा का आरंभ,
जो न कभी रुकी, न थमी,
हर नन्हा जीव, एक वादा,
जीवन की शुरुआत का,
जीवन की कहानी का पहला अक्षर।

अंधकार में चमकते इन मोतियों ने,
सिखाया संघर्ष का पहला सबक,
दिया अस्तित्व का पहला संदेश—
जीवन को अंधेरों में भी चमकना है,
अंधकार को अपने प्रकाश में समेट लेना है।

और यूँ
समुद्र की गहराई में बसे ये नन्हे जीव,
मानवता की पहली सांस का बीज बने,
हमारे अस्तित्व का आधार,
अंधेरे में चमकते अनमोल मोती।

पहली रीढ़धारी मछली

कशेरुकाओं का उद्भव, जिसने मछलियों में रीढ़ की हड्डी की शुरुआत की।

यह कविता 500 मिलियन वर्ष पूर्व के कॉर्डेटा युग (Early Vertebrate Era) से प्रेरित है, जब पृथ्वी पर पहली बार कशेरुका जीवों (vertebrates) का उद्भव हुआ। इस समय के दौरान, समुद्र में पहली रीढ़धारी मछली का जन्म हुआ, जिसने अपनी संरचना में हड्डियों का प्रारंभ किया। इससे पहले के सभी जीवों में हड्डियों का अस्तित्व नहीं था। कशेरुकाओं की शुरुआत से ही जीवन में संरचनात्मक बदलाव आना शुरू हुआ, जिससे जलीय जीवों से स्थलजीवों की ओर संक्रमण संभव हुआ।

यह काल कैम्ब्रियन काल (Cambrian period) का हिस्सा था, जब जीवन में महत्वपूर्ण विकास हुआ, विशेषकर हड्डियों और रीढ़ की हड्डी का विकास। इस समय के जीवों में मछलियाँ प्रमुख थीं, और इनमें कुछ में पहली बार कशेरुका संरचना का विकास हुआ, जो धीरे-धीरे अस्तित्व के लिए आवश्यक मजबूती और गतिशीलता प्रदान करता था। इस विकास ने पृथ्वी पर जीवन के अगले चरणों की संभावनाओं को खोल दिया, और इसके साथ ही जीवन के आकार, गति और विविधता में अभूतपूर्व परिवर्तन आए।

कवि ने इसी समय के शारीरिक और जीवनात्मक परिवर्तन को "हड्डियों का पहला गीत" के रूप में व्यक्त किया है, जो जीवन के विकास यात्रा की शुरुआत का प्रतीक है।

हड्डियों का पहला गीत

500 मिलियन वर्ष पहले,
सागर की गहराई में,
एक नन्ही सी आकृति ने
अपनी यात्रा शुरू की थी,
जो समय की परिधि से बाहर
अभी भी जीवित है,
उसकी धड़कन,
हड्डियों का पहला गीत।

क्या था वह जो उसे
पानी से बाहर खींच लाया?
क्या था वह जो
उसके शरीर में नया बना,
जैसे कशेरुका
सागर के भीतर
उदित हुआ हो
एक नयी आशा की तरह?

हड्डियों का पहला गीत
जो सागर में तैरते हुए
आकाश की ओर
मुँह उठा देख रहा था।
एक अस्तित्व का
नया अहसास,
जो भंग कर रहा था
पानी की सीमा।

उसने अपने सिर को उठाया,
नदियों की तरफ देखा,
एक ऊँची लहर की तरफ बढ़ते हुए,
जिसमें वह छिपने के बजाय,
अपना नया रूप धारण कर रहा था।
उसकी हड्डियाँ टूट नहीं सकती थीं,
चाहे वे जितनी भी हल्की होतीं,
अब वह आसमान को छूने के लिए
खड़ा हो सकता था।

हड्डियों का पहला गीत
आकाश में गूंज उठा,
क्योंकि अब,
उसने अपनी छाती में
एक संरचना पाई,
जो उसे दुनिया में
अपने कदम फैलाने के लिए
मजबूत बनाती थी।

सागर से बाहर,
उसने जमीन को महसूस किया,
हवा में अपने नितम्बों को,
हर पल अपने अस्तित्व का
जश्न मनाते हुए।
उसके हड्डियों के गीत
कभी नहीं थमे,
क्योंकि अब वह जान चुका था,

वह एक नयी दिशा में
पल रहा था।

500 मिलियन वर्षों से
हमारी पीढ़ियाँ गाती हैं
उस पहले गीत को,
जो हड्डियों के गीत के रूप में
जन्मा था,
जिसने मनुष्य के इतिहास को
लिखा था,
और आज भी हम
उसकी गूंज को सुनते हैं।

जेलिफ़िश और प्रवाल

आरंभिक नरम शरीर वाले जीव जैसे कि जेलिफ़िश और प्रवाल।

700 मिलियन वर्ष पूर्व, पृथ्वी पर जीवन का पहला रूप अत्यंत सरल और प्रारंभिक था। इस काल में, जीवन के रूप अत्यधिक प्राचीन और बिना हड्डियों वाले थे, जैसे जेलिफ़िश और प्रवाल। ये जीव समुद्र में पनपे थे और इसका प्रमुख कारण था कि उस समय जीवन केवल समुद्रों में ही उत्पन्न हो रहा था।

इस काल को "एडीऑर्टिक" या "प्रीकंब्रियन" कहा जाता है, जिसमें जीवन का विकास धीरे-धीरे शुरू हुआ था। यहां के जीवों की शारीरिक संरचना बहुत सरल और नरम थी, और वे मुख्य रूप से समुद्र के अंदर रहते थे। इस समय तक जीवन के विकास के लिए पर्याप्त जटिलताएं नहीं आई थीं, जैसे कि हड्डियाँ, पंख, या पैर।

जेलिफ़िश और प्रवाल जैसे जीव समुद्र के निचले भाग में शरण लेते थे, और उन्होंने जीवन के पहले चरण में संतुलन बनाए रखा। इन जीवों की सरल संरचनाओं ने जीवन के विकास की दिशा तय की, और यह समय पृथ्वी पर जीवन के अस्तित्व और विविधता की नींव रखने वाला था।

मौन की बातें

700 मिलियन वर्ष पूर्व,
समंदर की गहराई में,
जीवन का पहला स्वर था,
मौन से भी पहले,
जब शब्दों का जन्म नहीं हुआ था,
तब,
जेलिफ़िश और प्रवाल के शरीर में
जीवित होने का अर्थ समाया था।

नरम, पारदर्शी, और बिना आकार के,
सभी जीव एक तरह से अज्ञेय थे,
वह केवल चुपचाप अस्तित्व में थे,
समुद्र की हलचल से न कोई बातचीत,
न कोई शोर,
बस लहरों के बीच एक सन्नाटा था,
जो जीवन के फैलाव को दर्शाता था,
एक अज्ञेय भाषा में।

जेलिफ़िश, जो समुद्र की लहरों में
नृत्य करते थे,
प्रवाल जो गहराई में बसी एक ठहरी हुई जीवनरेखा थे,
ये सभी मौन में संप्रेषित होते थे,
स्वीकार करते थे अपनी आंतरिक गति को,
हर गति में एक नया सवाल था,
हर मोड़ में एक नया उत्तर,
लेकिन फिर भी सबकुछ चुप था,
जैसे प्रकृति खुद से बातें करती थी,
बिना किसी शब्द के,
केवल संकेतों और कंपन के जरिए।

समुद्र की गहराई में जब जीवन की खोज शुरू हुई,
हमारे पूर्वज, जेलिफ़िश और प्रवाल,

कभी न रुके, कभी न थमे,
जीवन के पहले रागों को संगीतमय कर रहे थे,
और यह अनसुना,
अनदेखा था उनके आसपास के संसार से,
हर धड़कन, हर हलचल,
जैसे समय खुद में समाहित हो गया हो।

क्या हम भी उस मौन को समझ सकते हैं?
क्या हम भी समझ सकते हैं
कि जीवन के सबसे पहले स्वर में
क्या छिपा था?
क्या हमारे पास भी वह शक्ति है
कि हम बिना शब्दों के
जीवन के सरलतम रूपों को पहचान सकें?
क्या हम अपनी जड़ों में जाकर,
उस मौन से कुछ सीख सकते हैं,
जो उन नरम, पारदर्शी अस्तित्वों ने हमारे लिए छोड़ा था?

समय की धारा में तैरते हुए,
यह सिलसिला न खत्म हुआ था,
न कभी खत्म होगा,
हर रचना, हर संकेत,
संगीत की तरह,
जो केवल समय के संगीतज्ञ द्वारा समझा जा सकता है,
जेलिफ़िश और प्रवाल के अस्तित्व में,
हमारी यात्रा का पहला कदम था।

हमारे मौन में,
क्या हम खुद को पा सकते हैं?
क्या हम उस पहले स्वर में
सभी जीवों का संदेश सुन सकते हैं?
यह केवल मौन की बातें थीं,
जो जीवन का गूढ़तम अर्थ बना दी थीं।

सरीसृपों का उदय

सरीसृपों का पृथ्वी पर आना और उनके नए परिवेश में ढलने की क्षमता।

सरीसृपों का उदय (310 मिलियन वर्ष पूर्व)

सरीसृपों का उदय पृथ्वी पर लगभग 310 मिलियन वर्ष पूर्व हुआ, जो पैलेज़ोइक युग के कार्बोनिफेरस काल के अंतर्गत आता है। इस काल में जीवन ने नए रूप में अपनी पहचान बनाई, और सरीसृपों ने धरती पर अपना स्थान पक्का किया। यह समय था जब जल, भूमि और आकाश के बीच जीवन के विविध रूपों का विकास हुआ।

सरीसृपों का पृथ्वी पर आगमन जलवायु, पर्यावरण, और भूमि संरचना में बदलाव के साथ हुआ। इन सरीसृपों में विकास की अद्वितीय क्षमता थी, जो उन्हें विभिन्न पर्यावरणीय परिस्थितियों के अनुकूल ढलने में सक्षम बनाती थी। इस समय पृथ्वी पर घने जंगल और दलदल थे, जहाँ इन सरीसृपों ने अपना जीवन शुरू किया और धीरे-धीरे विभिन्न आकारों और रूपों में विकसित हो गए।

इस काल में जलवायु अत्यधिक गर्म थी, जिससे वायुमंडल में ऑक्सीजन की मात्रा भी अधिक थी, जो बड़े जीवों के लिए अनुकूल था। सरीसृपों के विभिन्न प्रकारों में से कुछ ने जल में, कुछ ने भूमि पर और कुछ ने आकाश में भी अपनी जगह बनाई। उनका यह उभरना जीवन के विकास में एक महत्वपूर्ण मोड़ था, क्योंकि इस समय से लेकर अगले दौर में, पृथ्वी पर जीवन का रूप और दिशा पूरी तरह से बदल गई।

यह समय जीवन के अनुकूलन और संघर्ष का था, जो जीवन के नये अध्याय की शुरुआत था।

धरा के रेंगते प्रहरी

धरा के गर्भ से उठकर,
नदी-नदी, पहाड़-पहाड़ तक,
निडर, निश्छल रेंगते प्रहरी,
सरीसृपों का आगमन हुआ।

आदिकाल की संज्ञाओं से,
प्रकृति के नीले आकाश में,
लहराती माटी की सांसों में,
उन्होंने अपने अस्तित्व की नर्म छाप छोड़ी।

किसी तेज़ धार से,
कभी तो शांत रेत के किनारे,
सरीसृपों ने पाया अपनी भूमि,
जहां आकाश और पृथ्वी एक दूसरे से मिलते थे।

उनकी आँखों में एक कथा थी,
वह कथा जो सदियों तक गूंजती रही,
गहरी खामोशी में लुकी एक नई दुनिया,
यह संसार उनके पैरों तले, शीतल रेत की सरसराहट थी।

ढलते सूरज के संग,
उनकी पीठ पर प्राचीन जंगल के ताज,
अगले क्षण, चट्टानों से चिपकी जड़ों में,
उनकी पीढ़ियाँ अमर हो गईं।

सृजन का यह क्रांतिकारी गाथा,
न केवल जीवित रही,
बल्कि समय के पंखों से हवा को चीरते हुए,
एक नई पहचान पाने में सक्षम हुई।

नदी के किनारे, पहाड़ की चोटियों,

घने जंगलों में बसे
वे कभी नहीं भूले अपनी यात्रा के पहले क़दम,
जो एक बार धरती पर रेंगते हुए उठाए थे।

यह नहीं थी केवल जीवन की साधारण यात्रा,
बल्कि यह एक संघर्ष था,
जो निर्बाध रूप से बढ़ते हुए,
नई नदियाँ, नए पर्वत, नई हवाएँ बना गया।

वे थे समय के दस्तावेज,
धरा के गुमनाम प्रहरी,
जिन्होंने जीवन के लक्षण को,
अपनी उपस्थिति से स्वीकृत किया।

न केवल सरीसृप,
बल्कि पृथ्वी ने भी खुद को नया रूप दिया,
उनके अस्तित्व ने सीमाओं को तोड़ा,
एक संपूर्ण और समृद्ध जीवन की दिशा में।

वे रेंगते हुए कभी नहीं रुके,
कभी नहीं थमे,
धरा के गर्व में लहराते रहे,
जब तक सृष्टि ने उन्हें गाया नहीं।

धरा के रेंगते प्रहरी,
सरीसृपों की यह अनकही यात्रा,
समय के दरवाजे पर दस्तक देती,
हर क़दम में अनंत शक्ति का अहसास कराती।

उभयचर जीवों की दुनिया

जल और थल के बीच उभयचरों का जीवन।

उभयचर जीवों की दुनिया: 370 मिलियन वर्ष पूर्व का काल

370 मिलियन वर्ष पहले, पृथ्वी पर जीवन के एक नए अध्याय की शुरुआत हुई, जिसे जीवविज्ञान में "कैम्ब्रियन काल" के बाद का समय माना जाता है। इस समय, जल में रहने वाले जीवों ने धीरे-धीरे थल पर जीवन जीने के लिए कदम बढ़ाना शुरू किया। इसे "उभयचर जीवों का युग" कहा जाता है। उभयचर जीव वे थे जो जल और थल दोनों स्थानों पर जीवन जी सकते थे, जैसे प्रारंभिक जलजीवी और कुछ विशेष प्रकार के जलचर जैसे मेंढ़क, जो पानी में भी रह सकते थे और जमीन पर भी चल सकते थे।

इस काल में पृथ्वी के मौसम और पारिस्थितिकी तंत्र में महत्वपूर्ण बदलाव आ रहे थे, जो जीवन के विकास के लिए उत्प्रेरक बने। जब जल में जीवन फैल चुका था, तब थल पर जीवन की शुरुआत ने नए अवसरों और चुनौतियों को जन्म दिया। उभयचर जीवों ने इस बदलाव का सामना किया, जिससे वे धीरे-धीरे जल से थल पर स्थानांतरित होने लगे। इस समय का जीवन उभरते हुए वातावरण और जलवायु के अनुकूल ढालने के प्रयासों का परिणाम था, जिसने भविष्य में थलीय जीवन के विकास का मार्ग प्रशस्त किया।

जल और थल की संधि

370 मिलियन वर्ष पूर्व,
धरती के हरे विस्तार में,
एक नया संसार उभर रहा था।
जल की लहरों के संग,
थल की ठोस भूमि की ओर,
उभयचर जीव अपनी यात्रा शुरू कर रहे थे।

नदी का गहरा पानी,
सागर का अनंत विस्तार,
वह सच्चाई जो अपार थी,
फिर भी एक सपना बनती थी,
धरती की ठंडक में,
धरती के सीने पर।

एक पैर पानी में,
दूसरा थल पर,
वह जीव जो कहीं नहीं था,
ना जल में, ना थल में,
लेकिन अस्तित्व के संधान में
वह दोनों के बीच था।

शरीर था हरा, फिर भी चमकदार,
गति थी धीमी, फिर भी आत्मविश्वास से भरपूर,
जगह-जगह से डर था,
लेकिन जीवन के हर एक कण में उम्मीद भी थी।

जब वह पृथ्वी पर आकर खड़ा हुआ,
आकाश ने उसे दुआ दी,
पानी ने उसे सिखाया
कि परिवर्तन ही जीवन है।

वह था न तो पूरी तरह से जल,
न पूरी तरह से थल,
वह था बदलाव का प्रतीक,
एक पुल, एक संगम,
समय और स्थान की सीमाओं के पार।

वह दिन था, जब जल और थल
एक दूसरे के पास आए थे,
संधि के बाद, जीवन को मिला एक नया आकार।
उभयचर जीव,
इतिहास के पहले अध्याय में,
बदलते समय के साथ,
अपने अस्तित्व को हर पल पुख्ता कर रहे थे।

वह संघर्ष, वह समर्पण,
जल और थल के बीच का तादात्म्य,
हमें सिखाता है
कि जीवन का हर एक कदम
एक सन्धि है,
सिर्फ हमें उसे पहचानना होता है।

डायनासोर का युग

डायनासोर का युग, जिसे मेसोज़ोइक युग (Mesozoic Era) कहा जाता है, लगभग 230 से 66 मिलियन वर्ष पहले तक फैला हुआ था। यह युग तीन मुख्य अवधियों में बांटा जाता है: ट्रैसिक, जुरासिक, और क्रेटेशियस। इस काल के दौरान, पृथ्वी पर विशाल और विविध प्रकार के डायनासोर और अन्य सरीसृपों का प्रभुत्व था।

डायनासोरों ने इस युग में धरती, आकाश, और समुद्र में अपना साम्राज्य स्थापित किया। इस काल में पौधों की विविधता भी बढ़ी, और पहले फूलदार पौधे विकसित हुए। जुरासिक काल में विशाल पेड़ और जंगलों का साम्राज्य था, जो डायनासोरों के लिए खाद्य स्रोत प्रदान करते थे।

हालांकि, क्रेटेशियस काल के अंत में, एक विशाल प्राकृतिक आपदा ने इस युग का अंत किया, जिसके परिणामस्वरूप डायनासोरों का विलोपन हो गया। यह विलोपन आज तक वैज्ञानिकों के लिए रहस्य बना हुआ है। इस काल का अंत पृथ्वी पर जीवन के विकास के नए अध्याय की शुरुआत का प्रतीक है, जिससे स्तनधारियों और बाद में मानवों के उद्भव का मार्ग प्रशस्त हुआ।

विशालता का युग

वह युग था, जब धरती पर
जीवित थे विशाल आकार के,
जिनका आकार नयनाभिराम था,
जिनका अस्तित्व विशालता का प्रतीक था।
धरती की आत्मा में बसते थे वे,
अन्नपूर्णा के चरणों पर हलचल मचाते।

हरियाली में लहराती थी वृष्टि,
आसमान में आकाशगंगाओं का झुंड,
वह समय, जब प्रकृति ने
अपनी शक्ति और समृद्धि को प्रदर्शित किया।
पेड़ अपने पैरों से आकाश छूते थे,
समुद्र की गहराई में हलचल थी,
जब पंख फैलाकर एक उड़ान होती थी।

लेकिन यह विशालता,
कभी भी स्थायी नहीं रहती।
जैसे एक तूफान में सारा संसार बदल जाता है,
वैसे ही वह युग भी समाप्त हो गया।
भूतकाल के अवशेष में,
नयनों के कोने में,
डायनासोर की गूंज अब भी सुनाई देती है।

वह युग,
जो न केवल आकार में विशाल था,
बल्कि अपने भीतर अनगिनत सवाल छोड़ गया।
क्या हमने उन सवालों को सुना?
क्या हम जानते हैं कि इस धरती पर
अखंडित जीवन की योजना थी,
या सिर्फ उसकी विनाश की ओर बढ़ता कदम था?

आज जब हम उन अवशेषों को देखते हैं,
तो न केवल उस युग को समझने की कोशिश करते हैं,
बल्कि यह भी जानने की कोशिश करते हैं कि
क्या हम भी अपने वर्तमान में उसी विशालता को जी रहे हैं?
या यह किसी और काल का भूतकाल है
जो कभी हमारे भविष्य में भी उपस्थित हो सकता है?

पहले पक्षी: आर्कियोप्टेरिक्स

आर्कियोप्टेरिक्स का विकास, जो पक्षियों और सरीसृपों के बीच कड़ी बना।

आर्कियोप्टेरिक्स (Archaeopteryx) लगभग 150 मिलियन वर्ष पहले जुरासिक काल के दौरान अस्तित्व में आया। इसे अक्सर "पहला पक्षी" कहा जाता है, क्योंकि यह जीव पक्षियों और सरीसृपों के बीच एक महत्वपूर्ण कड़ी था। आर्कियोप्टेरिक्स के पास पंख थे, जिससे इसे पक्षी के रूप में पहचाना जाता है, लेकिन इसके शरीर में कई सरीसृपों जैसे गुण भी थे, जैसे लंबी पूंछ, दांत, और पंजे।

यह जीव प्राचीन समय में यूरोप के कुछ हिस्सों में पाया गया और यह पृथ्वी के पहले उड़ने वाले प्राणियों में से एक था। आर्कियोप्टेरिक्स का विकास पक्षियों की उत्पत्ति के बारे में महत्वपूर्ण जानकारी प्रदान करता है और यह दिखाता है कि पक्षी सरीसृपों से विकसित हुए थे। इस जीव की विशेषता यह थी कि इसके पास आकाश में उड़ने के लिए आवश्यक पंख थे, जबकि उसका शरीर अभी भी बहुत हद तक सरीसृपों जैसा था।

आर्कियोप्टेरिक्स के अस्तित्व ने विकास के इतिहास में एक नया मोड़ दिया और जीवन के आकाशीय रूपों के विकास की दिशा को समझने में मदद की। यह एक प्राचीन कड़ी है, जो पृथ्वी पर जीवन के विकास को एक नई ऊँचाई तक पहुँचाता है।

पंखों की पहली उड़ान

जब पृथ्वी ने पहली बार सपने देखे,
उसने अपनी बाहों में एक नया आकार देखा।
धरती के तल में, जहाँ कभी ध्वनि नहीं होती थी,
वहाँ एक पंख की हलचल ने जन्म लिया।

वह था आर्कियोप्टेरिक्स—
पंखों के साथ सरीसृप का वह रूप,
जो अब भी धरती की काया में
अनदेखी धारा की तरह बहता है।
उसके पंखों में ना केवल हवा की गति थी,
बल्कि वे एक अज्ञात यात्रा का संकेत थे,
जैसे आकाश में एक नन्हा सपना
वायुदूत बनने का सपना देख रहा हो।

उसकी हर हलचल में पृथ्वी ने
अपने पुराने रूप को छोड़ दिया,
उसने एक नया रूप लिया—
पंखों के बीच वह संकल्प छिपा था
जो सरीसृपों और पक्षियों के बीच
एक पुल बनाता था।

पृथ्वी का हर कोण, हर ध्वनि, हर दिशा
आर्कियोप्टेरिक्स के पंखों की आवाज में बदल गई,
उसकी आँखों में वो आकाश था,
जिसमें उड़ने का सपना था,
जिसे इस छोटे से प्राणी ने देखा।

यह वह समय था जब
धरती पर पहली बार हवा में एक जीवन रूप में
स्वतंत्रता का सपना जागा,

जब पंखों के बीच यात्रा ने
धरती से आकाश तक का सफर तय किया।

आर्कियोप्टेरिक्स,
तुम्हारी उड़ान केवल एक भव्य विचार नहीं थी,
तुमने केवल आकाश का नहीं,
धरती का भी हृदय छुआ था।
तुमने हमें बताया था कि
जीवन में हर रूप का एक अनंत विस्तार होता है—
और हर कड़ी एक नई दिशा बनाती है,
जो हमेशा हमें ऊपर की ओर,
आकाश की ओर, खींचती है।

आर्कियोप्टेरिक्स,
तुमने केवल पंख नहीं दिए थे,
तुमने हमें स्वप्न दिए थे—
स्वप्न उन पंखों के, जो कभी
धरती से आकाश तक उड़ते थे,
स्वप्न उस उड़ान के, जो अब
हमारी आत्मा में गूंजती है,
उस पहली उड़ान के,
जो आकाश की छांव में
विजय गीत गाती है।

प्राचीन स्तनधारी

आरंभिक स्तनधारियों का विकास, जिन्होंने चतुराई से जीवन में स्थान बनाया।

प्राचीन स्तनधारी काल का संक्षिप्त परिचय

लगभग 200 मिलियन वर्ष पूर्व, पृथ्वी पर स्तनधारियों का विकास एक महत्वपूर्ण घटना के रूप में हुआ। इस समय को मध्य त्रैसिक काल (Middle Triassic Period) कहा जाता है, जो कृतिम जगत के विकास के दृष्टिकोण से अत्यंत महत्वपूर्ण था। इस अवधि के दौरान, पृथ्वी पर डायनासोरों का प्रभुत्व था, लेकिन कुछ छोटे और चतुर स्तनधारी धीरे-धीरे अपनी जगह बना रहे थे।

यह वे समय थे जब स्तनधारी अपने छोटे आकार और शुरुआती अनुकूलन क्षमताओं के साथ अस्तित्व में आए। ये जीव आम तौर पर छोटे होते थे, जिनका मुख्य उद्देश्य अपनी जान बचाना और जीवन को प्रगति की ओर ले जाना था। हालांकि, इनका आकार छोटा था, मगर इनकी बौद्धिक क्षमता और चालाकी ने इन्हें शिकारियों से बचने में मदद दी और जीवन के विभिन्न परिस्थितियों में समायोजन की क्षमता दी।

इन प्राचीन स्तनधारियों का विकास इस बात का प्रमाण था कि आकार से ज्यादा महत्त्व बौद्धिक क्षमता और पर्यावरण के प्रति अनुकूलन क्षमता का था। यही कारण था कि धीरे-धीरे ये छोटे स्तनधारी बड़े स्तनधारियों का रूप धारण करने लगे और नए-नए शारीरिक और व्यवहारिक गुणों के साथ प्रगति की ओर बढ़े।

इस समय के स्तनधारी जीवों ने अपने समय के विशाल डायनासोरों के साथ संघर्ष किया और अपनी जीवित रहने की प्रवृत्तियों को आकार दिया, जो आधुनिक स्तनधारियों के विकास में मील का पत्थर साबित हुआ।

छोटे मगर चतुर

छोटे थे वो,
जैसे अदृश्य, लघु,
मगर भीतर समेटे थे वो चतुराई के बीज,
समझदारी की पहली किरण,
जो कभी भी न समझ पाई जाती थी।

उनकी आंखों में कुछ विशेष था,
जैसे एक खामोशी,
जो जल्द ही समझदार बन गई,
धीरे-धीरे जीवन के हर मोड़ पर सिखने का तरीका बन गई।

वो प्राचीन स्तनधारी,
जिनकी आहार के लिए दौड़ में
अभी तक केवल शिकार का चक्कर था,
मगर नयापन उनके भीतर था,
जो बाकी सब से कहीं अलग था।

क्या एक सटीक कदम,
या कुदरत की उन छोटी मगर चालाक चालों में,
जिन्होंने वंशों का रास्ता तय किया,
दुनिया को एक नया रूप दिखाया।

वे वह प्राणी थे,
जो अपना अस्तित्व चुपचाप बनाए रखे,
छोटे मगर चतुर,
उनकी चुप्पी में इतनी ताकत थी,
जो समय के पन्नों में खो गई थी।

मगर तब भी,
चतुराई की यह राहें उनके साथ थीं,
जो न सिर्फ जीवन के बल बल्कि उसकी दिशा भी तय करती थीं।

हमारे इतिहास के पहले अध्याय में,
जब वो छोटे मगर चतुर जीव,
दुनिया के लिए एक उदाहरण बने,
कि कभी छोटे से बड़ा भी उभर सकता है,
अगर अंदर हो कोई चतुराई का सूरज।

समुद्र में वापस लौटते स्तनधारी

स्तनधारियों का समुद्र में लौटना और व्हेल जैसे जीवों का अनुकूलन।

50 मिलियन वर्ष पूर्व, पृथ्वी पर महत्वपूर्ण जैविक परिवर्तन हो रहे थे। यह अवधि ईओसीन (Eocene) काल के अंतर्गत आती है, जो पैलियोज़ोइक युग के बाद का हिस्सा है। इस काल में पृथ्वी के जलवायु और पर्यावरण में भी महत्वपूर्ण बदलाव आए थे, जो जीवन के विकास पर गहरा प्रभाव डालते थे।

इस समय, कुछ स्तनधारी, जो पहले केवल भूमि पर पाए जाते थे, समुद्र में लौटने लगे। यह बदलाव मुख्य रूप से व्हेल जैसे समुद्री स्तनधारियों के विकास के रूप में देखा गया। इन जीवों ने धीरे-धीरे समुद्र में रहने के लिए अनुकूलित किया, जिससे उनके शरीर के अंगों में बदलाव आया। जैसे उनके पैरों का लुप्त होना और उनके शरीर का जल में तैरने के लिए परिष्कृत होना। इस प्रक्रिया को "पानी में लौटना" कहा जाता है, जो जीवन के विकास की एक महत्वपूर्ण कड़ी है।

इस काल का सबसे बड़ा परिवर्तन यह था कि जमीन पर रहने वाले कुछ स्तनधारी समुद्र में लौटकर अपनी नई जैविक पहचान बना रहे थे, जिससे समुद्री जीवन के विकास की नींव पड़ी।

जल में फिर से जीवन

50 मिलियन वर्ष पूर्व,
एक गहरी धुंधलकी के अंदर,
धरती की आकाशी छांव में,
कुछ अदृश्य ने अपना रास्ता बदला,
समय के सागर में उतरते कदम।

धीर-धीरे, वे जो भूमि पर दौड़े,
अपने जड़ों को छोड़ गए,
समुद्र के गोपनीय गहनों में
अपने अस्तित्व की तलाश में,
आगे बढ़े, बिना आवाज के,
एक छिपी हुई पुकार के साथ।

अचानक, वे लौटे,
चाहे खारा जल हो,
या गहरे नील रंग में डूबा आकाश,
उनकी हड्डियाँ, उनके परिष्कृत अंग,
जल में फिर से तैरने के लिए तैयार थे।

प्राकृतिक चुनाव का चमत्कार,
कभी चीखते थे पर्वतों में,
अब शांत समुद्रों में लहराते,
अंगों ने विकसित हो जाना सीखा,
नन्हें पैरों ने पंखों में बदल लिया,
और लहरों ने उन्हें गले लगा लिया।

साँसें अब गहरी और धीमी हो गईं,
अंतरिक्ष और समय की सिमाएँ मिटीं,
समुद्र के नीचे कोई आवाज नहीं थी,
बस लहरों की गूंज में एक नया जन्म था,

जन्म, जो फिर से पुरानी धरती से जुड़ा था।

कभी आग में जलने वाले जीव,
अब शांत पानी की गहराई में डूबे,
अपने पुराने घर को पहचाना,
और धीरे-धीरे, फिर से घुलने लगे,
जल में फिर से जीवन का सृजन हुआ।

वनस्पति जीवन का विस्तार

जटिल वनस्पतियों का विस्तार और स्थलीय जीवन का विकास।

यह कविता "हरियाली की चादर" पृथ्वी पर जीवन के प्रारंभिक काल को दर्शाती है, विशेष रूप से 300 मिलियन वर्ष पूर्व के समय को। यह काल "डिवोनियन काल" (Devonian Period) के आसपास का है, जब पृथ्वी पर जीवन में महत्वपूर्ण बदलाव आए थे, खासकर वनस्पति जीवन का विस्तार हुआ था।

इस काल में, पहली बार स्थलीय पौधों का विकास हुआ और वे पृथ्वी की सतह पर फैले। यह समय था जब जलवायु और पर्यावरण में परिवर्तन हो रहे थे, और भूमि पर जीवन की नींव रखने वाली वनस्पतियाँ उत्पन्न हो रही थीं। इस समय के दौरान, धरती पर पेड़-पौधों का विकास हुआ, जो भविष्य में पृथ्वी के पारिस्थितिकी तंत्र को आकार देने में महत्वपूर्ण बने। इसके अलावा, यह समय मछलियों और जलीय जीवन के विकास का भी था, जिनके साथ-साथ स्थलीय जीवन के रूप में जटिलता का आना भी शुरू हुआ।

यह काल जीवविज्ञान के इतिहास में एक मील का पत्थर था, जब जीवन ने भूमि पर अपनी जगह बनाई और हरियाली के रूप में धरती पर जीवन के फैलाव की प्रक्रिया शुरू हुई।

हरियाली की चादर

समय के अंधकार से,
चरणों की गूंज में,
धरती ने पहली बार श्वास ली,
हरे रंग की एक चादर,
विस्तार पाई।

उस क्षण, जब हवा शुद्ध हुई,
पानी और मिट्टी ने मिलकर,
प्रकृति को रूप दिया,
जीवन की एक नयी राह बनाई,
जैसे हरियाली के पौधे
पृथ्वी की त्वचा पर उग आये थे।

वह हरियाली,
जो आज भी कण-कण में बसी है,
उसी ने पहले पौधों की खोज की,
समझा हवा का अर्थ,
पानी की आवश्यकता,
धरती की कोमलता।

और फिर धीरे-धीरे,
वह हरियाली फैलने लगी,
मीलों दूर,
समुद्र के किनारे से लेकर,
पहाड़ों की ऊँचाइयों तक।
हर पत्ते, हर शाखा,
अंतरिक्ष में छिपी अनकही बातों को समझने का प्रयास कर रही थी।

जो जीवन की खोज में था,
वह एक सरल पौधा था,

जो अंधेरे से बाहर आकर,
अपने आप को उजागर करता था।
प्राकृतिक खगोलशास्त्र का यह पहला अध्याय,
जो हमारे हर कदम के साथ आगे बढ़ा।

हरियाली की चादर ने
धरती की नश्वरता को बढ़ाया,
वह जीवन का पहला इतिहास था,
जिसका विस्तार अनंत था,
परिवर्तन की लहर पर,
एक अंतहीन यात्रा में।

कभी एक तिनके के रूप में,
अब हर शाखा में,
वह जीवन की पहचान बन चुकी थी,
और हम उसे पहचानते हैं,
उसकी अदृश्यता में,
वह हरियाली की चादर,
समय के साथ और भी विस्तारित होती गई।

जब से यह जीवन का विस्तार हुआ,
हम अब भी उस हरियाली की चादर को महसूस करते हैं,
जो पृथ्वी पर पहली बार फैली थी,
300 मिलियन वर्ष पहले।
आज, हम केवल इस चादर के नीचे,
अपने अस्तित्व को समझते हैं,
और यह यात्रा,
अभी भी अनंत है।

पहला फूल: जीवन का श्रृंगार

फूलों का विकास, जिसने सौंदर्य और नए पारिस्थितिकी तंत्र बनाए।

130 मिलियन वर्ष पूर्व का काल - "फूलों का जन्म और पृथ्वी पर जीवन का विस्तार"

लगभग 130 मिलियन वर्ष पूर्व, पृथ्वी पर जीवन के विकास में एक महत्वपूर्ण मोड़ आया। यह काल मेसोज़ोइक युग का हिस्सा था, जिसे क्रेटेशियस काल के नाम से भी जाना जाता है। इस समय पृथ्वी पर जीवन का एक नया अध्याय शुरू हुआ, जिसमें पौधों और जीवों ने नए रूपों में अपनी उपस्थिति दर्ज की।

यह काल फूलों के पहले विकास का था, जब पौधों ने अपनी प्रजनन प्रक्रिया के लिए फूलों का रूप अपनाया। फूलों का यह विकास न केवल पृथ्वी के पारिस्थितिकी तंत्र को सुदृढ़ करने के लिए था, बल्कि यह वातावरण में नए प्रकार के फूलों, पत्तियों और फल-फूलों का जन्म था, जो जीवन के विविध रूपों के लिए जरूरी संसाधन प्रदान करते थे।

इस समय में पशुओं का विकास भी हुआ, जैसे कि डायनासोरों का अस्तित्व और विविध जीव-जंतुओं का फैलाव। पृथ्वी पर यह युग जीवों के लिए एक समृद्ध वातावरण बनाने वाला था, क्योंकि यह पौधों के विकास के साथ-साथ जलवायु और पारिस्थितिकी तंत्र में भी नए बदलाव लेकर आया।

इस काल ने पृथ्वी पर जीवन के अस्तित्व और विविधता के लिए एक मजबूत आधार तैयार किया, जिसके बाद फूलों और पौधों की दुनिया में अनेक परिवर्तन आए, जो आज तक हमारे पारिस्थितिकी तंत्र का अभिन्न हिस्सा बने हुए हैं।

खुशबू की शुरुआत

130 मिलियन वर्ष पहले,
जब पृथ्वी पर जीवन की हलचल छिपी थी
उस अंधेरे में एक बीज ने रोशनी पाई।
धुंधले आसमान के नीचे,
एक नई शुरुआत, एक आशा की धारा—
यह था फूलों का जन्म,
जीवन का सुंदरतम श्रृंगार।

नन्हे पंखुड़ी में सिमटी रचनाएँ,
किरणों में बसी हर रंग की परछाईं।
फूल न केवल स्वरूप थे,
वे जीवन के ध्वज,
सभी जीवों के लिए अदृश्य पर संदेशवाहक,
जो कहते थे, "हमेशा सुंदरता होगी।"

सिर्फ आकार नहीं,
उनमें थी ऊर्जा,
जो हवा में बसी,
माटी में समाई,
और पानी की लहरों में हर एक कण को
अपने आंचल में समेटे चली जाती।

उस फूल ने न केवल आकार लिया,
बल्कि वह पारिस्थितिकी तंत्र का निर्माण था—
सभी को जोड़ने वाला,
जीवन को सिखाने वाला।
नवीन संभावनाओं की एक दृष्टि,
जो समय से परे जाती।

सिर्फ एक फूल नहीं था यह—

यह था जीवन के अनगिनत रंगों का प्रतिबिंब,
समय से जूझते हुए,
कभी सुकून में,
कभी तुफान में।
लेकिन हर काल के साथ बढ़ता हुआ,
फूल का विकास, एक सृष्टि की तरह।

खुशबू के इस सफर की शुरुआत,
जो धरती को समर्पित है।
हर पेटी में बसी एक कहानी,
हर पंखुड़ी में एक नवीनता का संकेत।
समय ने जिसको संजोया,
वह अब हमारे साथ,
हमारे भीतर—
फूलों की पूरी दुनिया का स्वरूप बन चुका है।

यह कविता जीवन के विकास की पथ-यात्रा का प्रतीक है,
जो खुशबू की शुरुआत से लेकर,
हमारे संसार में रंग और ऊर्जा के सूत्र बुनता चला जाता है।
कभी एक छोटे से बीज से शुरू होकर,
एक विशाल, सुंदर पारिस्थितिकी तंत्र तक फैला,
यह जीवन के सृजन और समृद्धि का सार है।

प्राचीन वानर

आरंभिक वानरों का विकास और वृक्षों में उनका रहन-सहन।

65 मिलियन वर्ष पूर्व, पृथ्वी पर एक महत्वपूर्ण बदलाव हुआ। यह वह समय था जब डायनासोरों का अस्तित्व समाप्त हो चुका था और पृथ्वी पर नए प्रकार के जीवन रूपों का विकास शुरू हो रहा था। इस समय, प्राचीन वानरों का उद्भव हुआ, जो मानवता के विकास की शुरुआत थे।

इन वानरों का जीवन वृक्षों के बीच था। वे मुख्य रूप से वृक्षों में रहते थे, वहां उनके लिए भोजन और सुरक्षा दोनों उपलब्ध थे। उनकी शारीरिक संरचना में धीरे-धीरे परिवर्तन हो रहा था, जो उन्हें भूमि पर चलने और विभिन्न परिस्थितियों में जीवित रहने के लिए सक्षम बनाता था। इन वानरों के हाथ और पैर मजबूत और लचीले हो गए थे, जिससे वे शाखाओं पर आसानी से चढ़ सकते थे।

यह वह समय था जब वानरों ने समाजीकरण और एक दूसरे के साथ बेहतर तरीके से संवाद करने की शुरुआत की, जिससे उनका मानसिक और सामाजिक विकास हुआ। ये वानर धीरे-धीरे मानवता के आधार बन गए और उनके विकास के दौरान अनेक बौद्धिक, शारीरिक और सामाजिक परिवर्तन हुए, जो मानव सभ्यता की नींव बने।

यह काल प्राचीन जीवविज्ञान के अध्ययन में महत्वपूर्ण है, क्योंकि इस समय के विकास ने मानवों के पूर्वजों की उत्पत्ति के रास्ते खोल दिए थे।

वृक्षों के वासी

वृक्षों की छांव में,
शीतलता की गहराई में,
पहली बार यह जीव उठते हैं,
अपने आकार से बड़े,
अपने क़दमों से भारी।

आसमान से गिरे नहीं,
नदी की धार में बहते नहीं,
धरती की थाह नहीं पाई,
पर शाखाओं पर जमते हैं,
फूलों में रहते हैं,
वे वृक्षों के वासी।

वे देख रहे थे,
सर्द रातों की ठंडी पत्तियां,
आग के बग़ैर रात में ठंडे नहीं हो रहे थे,
अपने गिलें मुंह छुपा लेते थे,
लताएं उन्हें समेटे रखतीं,
जैसे पत्तियां अपनी लहरों में सहेजतीं।

उनकी आँखें शिकार के पीछे नहीं दौड़ीं,
वे जीवन की घनी परतों से कुछ खोजते थे,
संतुलन की, ऊर्जा की,
जो केवल उनके वृक्षों में गूंजती थी।

न कोई आक्रोश, न कोई डर,
केवल वह पल, वह समय,
वह वृक्षों का समय,
जब हर शाखा की छांव
एक परिवार थी,

एक शरण थी,
वृक्षों के वासी।

वे समंदर की लहरें नहीं देखते थे,
फिर भी उनका अस्तित्व वहाँ से जुड़ा था।
आकाश उनके लिए चौड़ा नहीं था,
धरती केवल पाँवों की नहीं,
हाथों और पैरों का विस्तार था,
जहाँ उन्होंने मानवता की नींव रखी।

वृक्षों के वासी,
सभी जीवन की धारा में समाए,
समय के साये में।
उनकी छाया अब भी है,
हमारी आत्मा में समाई हुई,
जैसे समय की गहरी गुफा में,
उनका अस्तित्व अब भी जाग्रत है।

वे जानते थे,
जीवन एक यात्रा है,
जो हम सबको चलानी है,
वृक्षों के वासी,
मनुष्य बनने की यात्रा में।

प्राइमेट्स का उद्भव

प्राइमेट्स का विकास और उनकी बुद्धिमत्ता।

प्राइमेट्स का उद्भव लगभग 30 मिलियन वर्ष पूर्व हुआ, जब पृथ्वी पर जीवन के रूप में बड़े बदलाव हो रहे थे। इस समय की शुरुआत में प्राइमेट्स की प्रजातियाँ विकसित हुईं, जो उष्णकटिबंधीय जंगलों में रहती थीं। ये छोटे, शारीरिक दृष्टि से असाधारण रूप से लचीले और बुद्धिमत्ता से सम्पन्न प्राणी थे। इस काल में, प्राइमेट्स की विविध प्रजातियाँ विकसित होने लगीं, जिनमें उनके शारीरिक और मानसिक गुण, जैसे बड़े मस्तिष्क, अंगुलियों की लचीलापन, और सामाजिक व्यवहार की प्राथमिकताएँ, ने उन्हें अन्य प्राणियों से अलग किया।

प्राइमेट्स की इस शुरुआती अवस्था में, वे अधिकतर पेड़ों पर रहते थे और उनकी ज़िंदगी मुख्य रूप से खाने, सुरक्षा और प्रजनन के इर्द-गिर्द घूमती थी। हालांकि, इस दौरान उनकी बुद्धिमत्ता में भी वृद्धि हो रही थी, जिससे उनके सामाजिक संगठन और संवाद की क्षमता में सुधार हुआ। समय के साथ, ये प्राइमेट्स धीरे-धीरे उन्नत प्रजातियों के रूप में विकसित हुए, जिनमें से कुछ ने मानवता की ओर अग्रसर कदम रखा।

यह काल, प्राइमेट्स के विकास का प्रारंभ था, जो आगे चलकर मनुष्य के विकास की ओर मार्गदर्शन करेगा, और मानवता की नींव रखने में महत्वपूर्ण भूमिका निभाएगा।

जंगल के बुद्धिमान

तीस मिलियन वर्षों से भी अधिक समय पहले,
जब धरती का दृश्य और रूप कुछ और था,
जंगलों की छांव में एक नई यात्रा शुरू हुई थी।
आदमी नहीं था तब तक, केवल उसके पूर्वज थे,
प्राइमेट्स—गुमनाम, बिना पहचान के।
लेकिन उनके भीतर एक रहस्यमय आग जल रही थी,
जंगल के आकाश में एक मौन संवाद,
मौन विचारों का आदान-प्रदान।

वो जानते थे पेड़-पौधों की भाषा,
पानी के बहने का तरीका,
पत्तियों का मन,
वे जानते थे कि अपने आस-पास की दुनिया
कभी बदल सकती है,
कभी स्थिर हो सकती है।

मगर यह कोई साधारण प्राणी नहीं थे।
ये प्राइमेट्स थे—सिर्फ शारीरिक रूप में अलग,
मानवता की बीज, जिसमें कुछ अनकहे थे।
उनकी आँखों में, जो जंगल के गहरे कोनों में छिपी थी,
एक चमक थी, एक सवाल था—
"हम कौन हैं?"
"क्या हम कुछ और बन सकते हैं?"

वे इंटेलिजेंस के नए क्षितिज की ओर बढ़ते गए,
एक शाखा से दूसरी शाखा पर छलांग लगाते हुए,
वे जानने लगे थे कि कौन सा फल खाओ,
कहाँ से जल भरें,
किस दिशा में हवा चलती है,
किससे डरना है,

किससे मित्रता करनी है।

जंगल में रहते हुए,
वे समय के साथ बदले,
हर दिन, हर क्षण,
हर साधारण घटना में एक सबक था,
यह जानने की जिज्ञासा—
सिर्फ जीवित रहने की नहीं,
बल्कि समझने की भी,
आशा की चमक आँखों में बनी रही।

वे सोचते थे, पर बातें नहीं करते थे,
वे एक दूसरे को महसूस करते थे,
उनकी आत्मा की गहराई में,
उनकी बुद्धिमत्ता की परिभाषा उभर रही थी,
वो जंगल में गूंजते कदम,
वे जंगल के बुद्धिमान थे,
मानवता का रास्ता जो आज भी
उनकी राहों पर चलता है।

आखिरकार, वे जंगल से बाहर आए,
धीरे-धीरे,
अपने भीतर की आवाज़ को पहचानते हुए,
उन्होंने अपनी दुनिया बनाई,
और मानवता की ओर पहला कदम बढ़ाया।
लेकिन जंगल के बुद्धिमान कभी नहीं भूलते,
वे जानते थे—
हर विकास की यात्रा एक बीज से शुरू होती है।

होमो हैबिलिस

मानव के औजार बनाने की कला की शुरुआत।

होमो हैबिलिस, जो 'हैंडी मैन' के नाम से भी जाना जाता है, मानव विकास के इतिहास में एक महत्वपूर्ण कड़ी है। यह काल लगभग 2.4 मिलियन वर्ष पहले का है, जब मानव ने औजारों का प्रयोग करना शुरू किया। होमो हैबिलिस, "हॉमिनिड" प्रजातियों के बीच पहला सदस्य था, जिसने पत्थर के औजारों का निर्माण किया, जो उनके अस्तित्व के लिए महत्वपूर्ण थे। यह मानवों का पहला कदम था, जिसने उन्हें जंगली जीवन से ऊपर उठने और एक बेहतर अस्तित्व के लिए औजारों का उपयोग करने की दिशा में अग्रसर किया।

इस समय, होमो हैबिलिस का मस्तिष्क आकार छोटा था, लेकिन उन्होंने अपने आसपास के वातावरण में सुधार लाने की क्षमता दिखाई। उनका प्रमुख योगदान था औजारों का निर्माण, जिससे वे शिकार के लिए अधिक सक्षम हुए, भोजन की उपलब्धता बढ़ी, और उनकी सुरक्षा में भी मदद मिली। यह काल मानव के बौद्धिक और शारीरिक विकास के प्रारंभिक चरण को दर्शाता है, जो आने वाले समय में और अधिक उन्नत प्रजातियों की ओर बढ़ा।

औजार बनाने वाला मानव

मनुष्य का आदी था जंगलों में खो जाने का,
पगडंडी पर चलने का,
आदिम भावनाओं से बंधा,
वह था केवल प्रकृति का हिस्सा।

फिर एक दिन,
उसकी उँगलियों में कुछ बदलने लगा,
एक चमक, एक विचार,
क्यों न कुछ ऐसा किया जाए,
जो हर दिन के संघर्ष को आसान बनाए?

उसने पत्थर उठाया,
वह जानता नहीं था कि यह
इतिहास की शुरुआत है,
एक साधारण पत्थर,
जो अब उसके हाथों में अस्तित्व के रूप में ढलने वाला था।

उधर, गगन में धुंध छाई थी,
धरती पर आकाश की तरह,
अभी भी वह असमंजस में था,
क्या वह पहले जैसा ही रहेगा?
क्या वह सिर्फ जंगल में रहने वाला जीव होगा,
या कुछ और बन सकता है?

उसने देखा,
किसी अन्य जानवर का शिकार कैसे किया गया,
इन्हीं इरादों से उसे एक विचार आया –
"यदि मुझे जंगली झंझटों से बचना है,
तो मुझे वह शक्ति चाहिए,
जो मैं खुद बना सकूं।"

तब उसने हाथ में वह पत्थर कस लिया,
ध्यान से, धीरे-धीरे,
उसने तोड़ा, काटा, तराशा,
औजार बनने लगे,
उसकी कलाई में ताकत आई,
जंगली जीवन का प्रतिकार करना शुरू किया।

यह थी मानवता की एक नयी दिशा,
यह थी एक ऐसी शुरुआत,
जो कबीले की सीमाओं से बाहर,
नए समय की ओर बढ़ रही थी।
यह पत्थर,
केवल औजार नहीं था,
यह थी उसकी मुक्ति,
उसकी खोज,
जो उसे एक नए रास्ते पर ले गई।

आज, हम बैठे हैं यहीं,
उसके द्वारा बनाए गए अनेकों उपकरणों के बीच,
जिनकी ध्वनि में,
उस पहले औजार की गूंज सुनाई देती है,
और हम महसूस करते हैं,
कि हम भी उसी यात्रा का हिस्सा हैं।

होमो इरेक्टस

सीधा खड़ा होकर चलने का आरंभ।

1.9 मिलियन वर्ष पूर्व, मानव इतिहास का एक महत्वपूर्ण मोड़ आया जब होमो इरेक्टस (Homo erectus) नामक मानव जाति का विकास हुआ। यह समय वह था जब मानवता ने पहली बार सीधे खड़े होने की क्षमता विकसित की, जो हमारे प्राचीन पूर्वजों होमो हैबिलिस (Homo habilis) और अन्य प्रजातियों से एक महत्वपूर्ण अंतर था।

होमो इरेक्टस का विकास विश्व में एक नया चरण था, जिसमें पहले की तुलना में बेहतर शारीरिक संरचना और मस्तिष्क का आकार बड़ा हुआ था। इस समय के मनुष्यों में चलने की क्षमता में सुधार हुआ, जिससे उनका शरीर सीधा खड़ा हो सका और वे लंबी दूरी तक चलने और शिकार करने में सक्षम हो गए।

यह काल लगभग 1.9 मिलियन वर्ष पहले शुरू होकर लगभग 400,000 वर्ष पहले समाप्त हुआ। होमो इरेक्टस के पास जटिल औजारों का उपयोग करने की क्षमता थी, और यही वह काल था जब मानवों ने पहली बार आग का उपयोग किया। इस समय के मनुष्य ने प्राकृतिक संसाधनों के साथ संबंध बनाने, जीवन के नए तरीकों को अपनाने और अपने समाजों की नींव रखने की दिशा में कदम बढ़ाए।

इस प्रकार, होमो इरेक्टस के विकास ने मानवता की यात्रा में एक ऐतिहासिक परिवर्तन की शुरुआत की, जो आगे चलकर होमो सैपियंस (Homo sapiens) के रूप में आधुनिक मनुष्यों के विकास की ओर बढ़ी।

सीधा खड़ा मानव

1.9 मिलियन वर्ष पूर्व,
जब पृथ्वी की धूल में बसी थीं अनगिनत कहानियाँ,
तब एक मनुष्य ने कदम बढ़ाए—
सीधे खड़े होकर,
न सिर्फ अपने कदमों को,
बल्कि अपने अस्तित्व को भी नया आकार दिया।

वह समय था जब जंगली आकाश
और निर्जीव धरा के बीच,
एक नया पथ तय हुआ।
नकली काँच की तरह टूटने से पहले,
मनुष्य ने महसूस किया—
उसकी पीठ को सीधा करने की ताकत,
उसके भीतर छिपी शक्ति,
जिसे वह पहचानने से पहले खुद को पहचानने लगा।

उसका चेहरा,
उसकी आँखें,
उसका अस्तित्व—
सिर्फ आकाश से जुड़ा नहीं था,
बल्कि अब हर कदम
पृथ्वी के ऊपर एक नई कहानी लिखता था।

सीधा खड़ा मानव—
हवा में एक संगीतमाला की तरह,
हर सांस में उसे सुनना था।
उसके क़दमों में समय की गूंज थी,
और उसके दिल में मूक चीत्कारें,
जो शब्दों से कहीं अधिक प्रभावी थीं।

सभी अंग थे एक सेतु की तरह,
जो उसे इस धरा से आकाश की ओर खींचते थे,
लेकिन उसके भीतर एक भूख थी—
न केवल खाना,
बल्कि जीवन के उद्देश्य का ज्ञान।

जैसे-जैसे वह उन्नति करता गया,
वैसे-वैसे उसकी साधना भी गहरी होती गई।
वह अब सिर्फ एक जीवित प्राणी नहीं था,
वह एक तर्कपूर्ण अस्तित्व था,
एक मस्तिष्क, जो सिर्फ खुद से नहीं,
बल्कि सम्पूर्ण ब्रह्माण्ड से संवाद करता था।

लेकिन इस यात्रा के हर कदम पर
एक सवाल था—
क्या वह इस दुनिया को समझ पाएगा?
क्या वह उन प्रश्नों का उत्तर पा सकेगा
जो उसने खुद से पूछे थे?

यह यात्रा आज भी जारी है—
हमारी पीढ़ियाँ, हमारी क्षमताएँ,
हमारा ज्ञान—
हमारे क़दमों के निशान
समय की रेत पर बनते रहते हैं।
सीधा खड़ा मानव,
हमेशा आगे बढ़ता है,
अपने अस्तित्व को पुनः स्थापित करता है,
अपने विचारों को स्पष्ट करता है,
और उस यात्रा में अनगिनत दरवाजे खोलता है,
जो उसे मानवता के अज्ञात द्वार तक ले जाते हैं।

होमो हाइडलबर्गेंसिस

संगठित समूहों में रहना और बेहतर उपकरणों का उपयोग।

होमो हाइडलबर्गेंसिस (Homo Heidelbergensis)

होमो हाइडलबर्गेंसिस, मानव जाति के विकास में एक महत्वपूर्ण कड़ी है, जो लगभग 700,000 वर्ष पहले अस्तित्व में था। इसे "हाइडलबर्ग मैन" भी कहा जाता है, क्योंकि इसके अवशेष जर्मनी के हाइडलबर्ग शहर में पाए गए थे। यह प्रजाति, होमो इरेक्टस और होमो सैपियंस के बीच का पुल थी, और इसका अस्तित्व मानव विकास के महत्वपूर्ण मोड़ को दर्शाता है।

संस्कार और सामाजिक जीवन
होमो हाइडलबर्गेंसिस पहले मानवों में से था जिसने संगठित समूहों में रहना शुरू किया। यह एक सामूहिक जीवनशैली को अपनाने वाली प्रजाति थी, जिसमें शिकार करने, आग का इस्तेमाल करने, और अधिक उन्नत उपकरणों का निर्माण करने की क्षमता विकसित हुई थी। इन समूहों में संरचित तरीके से काम किया जाता था, जैसे शिकार पर निकलना या सुरक्षा की दृष्टि से एक साथ रहना।

तकनीकी उन्नति
इस प्रजाति ने पहले से अधिक विकसित उपकरणों का उपयोग शुरू किया, जिनमें पत्थर, हड्डी और लकड़ी से बने औजार शामिल थे। इन उपकरणों का उपयोग शिकार करने, खाने की चीजें इकट्ठा करने और अपनी सुरक्षा बनाए रखने के लिए किया जाता था।

सामाजिक संरचना और जीवनशैली
होमो हाइडलबर्गेंसिस ने समूहों में जीवन बिताने की शुरुआत की, जो बाद में मानवता के सामाजिक विकास की नींव बने। उनके जीवन में, शिकार केवल एक व्यक्तिगत क्रिया नहीं थी, बल्कि यह एक सामूहिक

प्रयास बन चुका था, जिसमें एकजुटता और सहयोग की आवश्यकता होती थी।

यह काल मानव विकास की दिशा में एक महत्वपूर्ण अध्याय था, जहाँ मानवों ने सामूहिक जीवन और बेहतर औजारों के उपयोग से अपने अस्तित्व को और मजबूत किया।

शिकारी और सामूहिक जीवन

दूर, बहुत दूर,
जब आकाश और पृथ्वी एक जैसे थे,
और केवल ध्वनियाँ थीं—
दूर से गूंजती पगध्वनियाँ,
एक नए कबीले की शुरुआत।

क्योंकि हम थे शिकारी,
कभी अकेले, कभी समूह में।
बड़े जंगली जानवरों के क़रीब,
हमारे हाथों में नए हथियार,
मगर उनमें कुछ नया था,
नई ताकत, नया संकल्प।
क्योंकि हम पहले थे अकेले,
लेकिन अब साथ हैं,
हमने साथ चलने की कला सीखी,
और यह कला सिर्फ़ अस्तित्व नहीं,
जीने का तरीका बन गई।

गहरे जंगलों से उठते थे आवाज़ें,
लेकिन हम चुप रहे,
कभी भीड़ में, कभी अकेले,
हम खोजते रहे रास्ते,
बिना कहे, बिना समझे—
हम साथ थे,
हम शिकारी थे,
लेकिन अब हम कहीं अधिक थे।

हमने सीख लिया था एक दूसरे से,
समूह के साथ बढ़ना,
कभी किसी के पीछे, कभी आगे,

और बीच में हम थे,
कभी सुनते, कभी कहते,
कभी बस चलते—
साथ, हर कदम,
एक शिकार, एक लक्ष्य,
लेकिन हमें दिखने लगा
जंगल से बाहर की दुनिया।

समूह में बंटने के बाद,
हमने देखा कुछ नया—
सपने जो कभी खुद से बड़े थे,
अब हमारे भीतर थे।
अब हम सोचते,
हम नहीं सिर्फ़ जी रहे थे,
हम तो कुछ और बन गए थे—
एक कड़ी,
इतिहास की,
समाज की,
समूह की।

यह शिकारी का जीवन था,
जहाँ हम अकेले नहीं थे,
यह हमारी यात्रा का पहला कदम था,
जहाँ हम समझने लगे,
हम नहीं सिर्फ़ मानव हैं—
हम हैं "हम,"
जिनकी शक्ति अब मिलकर है,
हथियार से ज्यादा कुछ और—
आत्मविश्वास,
समूह,
और एक नई राह।

होमो निएंडरथलेंसिस

होमो निएंडरथलेंसिस का संक्षिप्त परिचय

होमो निएंडरथलेंसिस, या निएंडरथल, एक प्राचीन मानव जाति थी जो लगभग 400,000 साल पहले यूरोप और पश्चिमी एशिया में विकसित हुई थी। यह जाति होमो जाति के अंतर्गत आती है और आधुनिक मानव (होमो sapiens) के एक रिश्तेदार के रूप में पहचानी जाती है, हालांकि इनकी शारीरिक संरचना और जीवनशैली आधुनिक मानव से कुछ भिन्न थी।

निएंडरथल्स का शरीर सामान्यत: मस्कुलर और मजबूत था, उनके पास चौड़ी छाती और बड़े नाक के मार्ग थे, जो ठंडी जलवायु में सांस लेने में मदद करते थे। उनके पास छोटे, चौड़े मस्तिष्क थे, जो उनके अस्तित्व के लिए उपयुक्त थे, लेकिन आधुनिक मानव के मुकाबले उनके मस्तिष्क का आकार थोड़ी अधिक था।

निएंडरथल्स के अस्तित्व का मुख्य समय 400,000 से लेकर 40,000 साल पहले तक था। वे शिकार करने, आग का इस्तेमाल करने, औजार बनाने और अपनी बसी हुई बस्तियों में एक जटिल सामाजिक संरचना का निर्माण करने में सक्षम थे। उनके रहन-सहन के निशान, जैसे कि गुफा चित्रण और शव दफनाने के तरीके, उनके सांस्कृतिक और आध्यात्मिक विकास के संकेत देते हैं।

हालांकि यह प्रजाति लगभग 40,000 साल पहले समाप्त हो गई, लेकिन हाल के शोध से यह सिद्ध हुआ है कि होमो sapiens के साथ इनके कुछ जैविक संपर्क रहे थे, जिससे आज के मानवों में निएंडरथल डीएनए का कुछ अंश पाया जाता है।

पहाड़ों के योद्धा

चारों ओर फैला था अंधकार,
हर कदम की धड़कन जैसे बर्फ के दरमियान एक अदृश्य गवाही।
जिनके शरीर से उठती थी ध्वनियाँ,
वे नहीं थे किसी देवता के दूत,
बल्कि पर्वतों के उन नायक थे,
जिन्होंने कठोर ठंड से सीखा था जीना,
जो ठंडी हवाओं में भी गर्म हो उठते थे।

उनकी आँखों में एक गहरी चुप्प,
एक ऐसा गुस्सा, जो समय से लड़ता था,
जो अस्तित्व को पहचानता था
और हर पल को अपने कन्धों पर ढोता था।
वे कभी नहीं थे जो अन्य जीवों से भागते,
बल्कि वे थे, जो हर पहाड़ी शिखर पर खड़े थे,
जैसे पहाड़ों से निकलता हुआ एक नया सूरज,
जो नहीं डरता था अंधकार से,
बल्कि उसे गले लगाता था।

कभी बर्फ की रगों में घुसे,
कभी जंगली घासों में छिपे,
वे न थे केवल जीवित,
वे थे संघर्ष की मिसाल,
जो हर मौसम से अनुकूलित होते गए,
जैसे ज़िन्दगी को हर परिस्थिति में जीने का अभ्यास हो।

उनके पाँवों में वह जिजीविषा थी,
जो हवाओं को भी चुनौती देती थी,
जो हर डर और पीड़ा को सामना करते थे,
वे थे होमो निएंडरथलेंसिस,
जो कच्चे हथियारों से ढाल बने थे,

जो बर्फ के अंदर भी आग को पकड़ते थे।

आशा की नहीं, सिर्फ आवश्यकता की क़ीमत समझी थी उन्होंने,
और हर दिन उनके लिए एक युद्ध था—
लेकिन यह युद्ध आत्म-संरक्षण का नहीं था,
यह युद्ध खुद को पहचानने का था।

वह दिन नहीं थे,
जब रातें भयभीत करती थीं,
उन्हें संघर्ष की आवश्यकता नहीं थी,
बल्कि वे अपनी ही यात्रा में ताकत पाते थे।

कभी हिमालय के शिखर पर,
कभी समुद्र के किनारे,
कभी अनगिनत आकाशों के नीचे,
वह हर जगह थे,
जहाँ जीवन था,
वे थे—
पहाड़ों के योद्धा।

वे जानते थे कि एक कदम भी पीछे नहीं जा सकते,
और यही उनकी महानता थी,
जिसने समय से भी कहीं आगे उन्हें रखा।
उनकी आत्मा की गहराई में,
हमारा ही इतिहास बसा था,
क्योंकि वे सिर्फ अपना इतिहास नहीं जीते थे,
बल्कि वे हमारे भविष्य की नींव थे।

होमो फ्लोरेसिएन्सिस

इंडोनेशिया में छोटे कद के मानवों का अस्तित्व।

होमो फ्लोरेसिएन्सिस या "बौने मानव" का अस्तित्व लगभग 100,000 से 50,000 वर्ष पूर्व का था। यह प्राचीन मानव, इंडोनेशिया के फ्लोरेस द्वीप पर पाया गया था। उनका शारीरिक आकार छोटे कद का था, औसतन इनका कद 3 फीट 6 इंच (1.1 मीटर) के आसपास था। होमो फ्लोरेसिएन्सिस का मस्तिष्क भी छोटा था, लगभग 380 सीसी, जो कि आधुनिक मानवों के मस्तिष्क से काफी छोटा था।

यह मानव प्रजाति मानव इतिहास के एक दिलचस्प और अनूठे अध्याय को प्रस्तुत करती है, जो यह दर्शाता है कि विकास की प्रक्रिया कितनी विविध और जटिल हो सकती है। वे सामान्य रूप से साधारण उपकरणों का उपयोग करते थे और छोटे समूहों में रहते थे। इनके बारे में विचार है कि यह मानव प्रजाति होमो एरेक्टस से उत्पन्न हुई हो, लेकिन उनका आकार और शारीरिक संरचना अन्य मानवों से अलग थी। इनका अस्तित्व और विकास प्रक्रिया यह सिद्ध करता है कि मानवता की यात्रा विविध रूपों में विस्तारित थी, और प्रत्येक प्रजाति ने अपनी अनूठी भूमिका निभाई थी।

वर्तमान में, वैज्ञानिक इनका अध्ययन करते हुए यह समझने की कोशिश कर रहे हैं कि इस प्रजाति ने अन्य मानवों के साथ कैसे और क्यों संपर्क किया, और इनका अस्तित्व क्यों समाप्त हो गया। होमो फ्लोरेसिएन्सिस के अध्ययन से हम मानवता के प्राचीन इतिहास के बारे में अधिक जानकारी प्राप्त कर रहे हैं, जो आधुनिक मानव के विकास के समझ को और भी व्यापक बनाता है।

बौने मानव की कहानी

हजारों साल पहले, जब आसमान और पृथ्वी ने अपना पहला संवाद किया,
इंडोनेशिया के गहरे जंगलों में,
एक छोटा, दुर्बल प्राणी, जो मानव था,
उठ खड़ा हुआ, परंतु वह विशाल नहीं था।

उसकी कद का आकार, छोटे पहाड़ों के जैसे,
मगर उसका दिल, समुद्र से गहरा था,
आंखों में न कोई भय, न कोई अहंकार,
बस जीवित रहने की इच्छाशक्ति,
जो उसे हर दिन अपने संघर्षों से जूझने के लिए प्रेरित करती।

अरे! देखो, यह वो बौना मानव था,
जो न युद्ध में विजयी था,
न किसी महान नगर का निर्माता,
फिर भी उसने सभ्यता की पहली सीढ़ी चढ़ी थी।
अपने जीवन के संघर्ष में,
हर कदम पर उसने उम्मीद के बीज बोए थे।

वह जंगलों की पत्तियों से बातें करता,
पत्थरों से भी दोस्ती करता,
संगठित था वह अपने छोटे से समुदाय में,
शब्दों के बिना, बस इशारों में अपनी दुनिया सजाता।
दुनिया की सबसे बड़ी भाषा,
वह एक-दूसरे से सच्चे संबंधों की बात करता।

उसकी दुनिया में वृहद आकार की कोई आवश्यकता नहीं थी,
न थी कभी उसकी दृष्टि में कोई विशालकाय स्वप्न,
बस वह था, जहाँ था, और उसमें समाया था उसका अस्तित्व।
उसकी छोटी काया, एक अद्वितीय कहानी बयान करती है,

कि महत्त्व केवल आकार में नहीं,
बल्कि उसमें समाहित आत्मा में होता है।

आज विज्ञान उसे खोदता है,
इतिहास के पन्नों पर उसका नाम खोजता है,
लेकिन वह बौना मानव,
कभी किसी विजेता से कम नहीं था,
वह हमारी जड़ों से जुड़ा था,
वह हमारी उत्पत्ति का संकेत था।

कभी किसी विशालकाय आदिम मानव के दर्प में,
वह बौना नहीं, बल्कि सशक्त था,
और उसका अस्तित्व,
समय की धारा में एक अनमोल रत्न जैसा चमकता है।
हमें न भूलना चाहिए,
कि हर युग, हर प्राणी,
हमारी विकास यात्रा के अनिवार्य हिस्से होते हैं।

डेनिसोवन्स

एक रहस्यमयी प्रजाति।

डेनिसोवन्स एक प्राचीन मानव प्रजाति थी, जो लगभग 160,000 वर्ष पूर्व पृथ्वी पर अस्तित्व में थी। यह प्रजाति होमो सेपियन्स (आधुनिक मनुष्यों) और निएंडरथल्स (हड्डियों से संबंधित मानव प्रजाति) से अलग थी, और इनकी पहचान 2008 में साइबेरिया के डेनिसोवा गुफा से प्राप्त हड्डियों और डीएनए के आधार पर की गई। हालांकि, डेनिसोवन्स के बारे में बहुत कम जानकारी उपलब्ध है, क्योंकि उनके जीवाश्म बहुत ही सीमित हैं।

वे हमारे पूर्वजों से कहीं अधिक विकसित नहीं थे, लेकिन उनके पास भी औजार बनाने और आग का उपयोग करने की क्षमता थी। डेनिसोवन्स का जीवन मुख्यतः यूरोप और एशिया के बड़े हिस्सों में फैला हुआ था, और उन्होंने निएंडरथल्स और होमो सेपियन्स के साथ सह-अस्तित्व भी किया। हालाँकि, उनकी अधिकांश जीवित स्थितियों के बारे में आज भी वैज्ञानिकों को कई सवाल हैं, लेकिन शोध के माध्यम से यह पता चला है कि डेनिसोवन्स का डीएनए आज भी कुछ मानवों में मौजूद है, विशेषकर एशियाई और ओशियनियाई क्षेत्रों में।

इनका अस्तित्व एक प्रकार से मानवता की यात्रा में एक महत्वपूर्ण और रहस्यमय अध्याय है, क्योंकि डेनिसोवन्स के बारे में हमारी जानकारी बहुत सीमित है, लेकिन उनके प्रभाव और योगदान ने मानव विकास के इतिहास को प्रभावित किया।

अनदेखे साथी

160,000 वर्ष पहले
जब धरती के आकाश में
हवाएँ उस समय से भी पुरानी थीं,
और शोर भी कुछ और था,
दूर कहीं गुम हो गई थीं पंक्तियाँ,
जो कभी हमारे जैसे थे।
वे डेनिसोवन्स थे,
कभी हमें छूने के लिए अस्तित्व में आए,
हमारे पंखों के बिन,
संग एक अनकहा संवाद छुपाए,
जो हमारी धड़कन में छिपा था।

वो कभी हमारे सामने थे,
कभी हमारी कहानी में,
कभी हमारे रक्त में समाए,
जिन्हें देख पाने की हमारी आंखें,
अब भी प्यासा हैं।
हम जानते नहीं,
उनके गूंजते हुए नाम
क्या रंग थे,
क्या रूप थे,
उनके घने जंगल,
उनकी राखी हुई मिट्टी,
कहीं खो गया एक हिस्सा—
हमारे इतिहास का एक पन्ना।

अनदेखे साथी,
हम तक तो आ ना सके तुम,
पर तुम्हारी छाया में
हम अब भी चलते हैं।

हमने बयां किया न था जो,
वो हमारे भीतर था,
तुमसे पहले,
या तुमसे बाद में भी,
हमारा जीवन एक पेड़ की तरह फैला है
जहां तुम्हारा छांव गूंजता है।

तुम थे, पर नहीं थे,
मगर तुम्हारे बिना,
हमारी यात्रा अधूरी रहती।
कहीं कहीं हमारी पहचान में,
तुम्हारी मौजूदगी बनी रही,
कभी यह विज्ञान की एक धारा में
और कभी हमारी सोच में
अंतिम रेखा में
हमारे अजनबी सिरे से,
तुम तक पहुंचते हैं,
अनदेखे साथी।

होमो सेपियन्स

वर्तमान मानव का विकास और उसकी विशेषताएँ।

लगभग 300,000 साल पहले, होमो सेपियन्स (वर्तमान मानव) का उभार हुआ, जो मानव जाति के विकास की एक महत्वपूर्ण कड़ी था। इस समय से पहले, मानव के पूर्वज जैसे होमो इरेक्टस और होमो हाबिलिस ने भी पृथ्वी पर कदम रखा था, लेकिन होमो सेपियन्स ने अपनी बौद्धिक और शारीरिक क्षमताओं में कई महत्वपूर्ण उन्नति की।

होमो सेपियन्स ने, जो सामाजिक रूप से विकसित और बौद्धिक दृष्टि से अधिक सक्षम थे, जीवन के नए पहलुओं को समझने और उनका सामना करने की क्षमता विकसित की। यह मानव जाति के लिए एक नया युग था, जिसमें आग का उपयोग, उपकरणों का निर्माण, और जटिल विचारधाराओं का जन्म हुआ।

इस काल में, मानव ने सामूहिक जीवन की नींव डाली, और बर्फ के युग से बचने के लिए सामूहिक शिकार और कृषि के शुरुआती प्रयास किए। इन गुणात्मक बदलावों ने मानवों को केवल जीवित रहने में नहीं, बल्कि समाज की नींव रखने में भी सक्षम किया।

सभी संस्कृतियों, भाषा, कला और विज्ञान की नींव यहीं से पड़ी, और इसने मानवता की लंबी विकास यात्रा की शुरुआत की, जो आज तक जारी है।

सपनों की उड़ान

तीस लाख साल पहले,
एक छोटे से द्रव्य कण से प्रारंभ हुआ,
हमारा अस्तित्व,
जिन्हें हम अब 'होमो सेपियन्स' कहते हैं,
मानवता की पहली दस्तक।

कितनी बार,
हमने देखा है आकाश को,
उसकी विशालता को,
कभी डर के, कभी अचंभित होकर,
कभी, केवल एक सपने की तरह।

पर हम थे,
जिन्होंने पहले कदम उठाए,
धरती की नश्वरता को नकारते हुए,
सपनों की उस ऊँचाई को छुआ,
जो हमारे भीतर थी,
वह उड़ान, वह आकाश,
जो हमारे भीतर था।

हमने देखा—
मनुष्य ने शुरू किया खोज,
आग की रौशनी से लेकर
सागर की गहराई तक,
हर अनुभव, हर जिज्ञासा,
हमारे भीतर से निकल कर,
दुनिया को दिखाती चली गई।

क्या था यह?
आधुनिकता का आगाज?

या फिर, सृजन की अंतहीन यात्रा?
हम, जिनके हाथों में था भविष्य,
जिनके कदमों में बसी थी ज़िंदगी,
हमने यह सोचा
या बस जी लिया,
हर पल की संभावना को
अपनी तक़दीर बना लिया।

दिमाग ने दुनिया को देखा,
और दिल ने रास्ता दिखाया,
हमने उन सारी दीवारों को तोड़ा,
जो कभी हमारे सपनों से पहले
हमारे सामने थीं।
हम वो थे,
जो कभी गुफाओं में बसे,
आज आकाश में उड़ान भरते हैं।

समय की लहरों में,
हमने खुद को गढ़ा,
और गढ़ते रहे,
वह चीज़ जो समय के पार
बसेरा करने वाली थी,
हमने अपने सपनों को
उस आकाश में छोड़ दिया,
जहां कोई दीवार नहीं थी,
और जहाँ केवल उड़ान थी।

वानर से मानव की यात्रा

बुद्धिमत्ता और चेतना का विकास। (प्राचीन काल में विकास की शुरुआत)

वर्तमान समय का युग तेजी से बदलते हुए विचारों, तकनीकी विकास और सामाजिक परिवर्तनों का है। इसे 'सूचना युग' या 'डिजिटल युग' के रूप में भी जाना जाता है, जहाँ मानवता ने तकनीकी और वैज्ञानिक दृष्टिकोण से अपूर्व प्रगति की है। आज का समाज एक वैश्विक गाँव में तब्दील हो गया है, जहां सूचना और ज्ञान की सुलभता ने दुनिया को एक साथ जोड़ दिया है।

यह काल तकनीकी नवाचारों, जैसे इंटरनेट, स्मार्टफोन, और आर्टिफिशियल इंटेलिजेंस (AI) के प्रभाव से आकार लेता है, जो हमारे सोचने, कार्य करने और समाज में जुड़ने के तरीके को बदल रहे हैं। इसके अलावा, यह काल सामाजिक जागरूकता, पर्यावरणीय संकटों और वैश्विक चुनौतियों से भी प्रभावित है, जिससे एक नई सामाजिक, आर्थिक और राजनीतिक सोच का जन्म हो रहा है।

साथ ही, इस युग में व्यक्तिगत और सामूहिक चेतना का विकास भी हो रहा है, जहाँ आत्म-विश्लेषण, मानसिक स्वास्थ्य, और संतुलित जीवनशैली पर जोर दिया जा रहा है। मानवता अब केवल भौतिक विकास से आगे बढ़कर, मानसिक और आध्यात्मिक प्रगति की ओर भी अग्रसर है, जो न केवल बाहरी संसार को बदलने की कोशिश कर रही है, बल्कि अपने भीतर के संसार को भी समझने की ओर बढ़ रही है।

विचारों की चिंगारी

विचारों की चिंगारी से
जलता है आकाश,
हमारा मस्तिष्क, एक अज्ञेय नक्षत्र,
जो समय की धारा में
स्वयं को तलाशता है,
धीरे-धीरे,
सभी गहनों की तरह,
खुद को ढलता है,
गिरता है, फिर उठता है।

एक समय था, जब वानर
जंगलों की शांति में विचरते थे,
उनके हाथों में कोई औजार नहीं था,
बस इन्द्रधनुष के रंगों को
अपनी आँखों में संजोकर चलते थे।
उनकी सोच को आज़ाद आकाश के पंख नहीं थे,
पर आंतरिक जीवन की गहराई में
कुछ था जो हलचल पैदा करता था।

आधी रात, अचानक,
मानवता ने एक विचार की खोज की।
यह विचार,
दृश्य और अदृश्य के बीच की रेखा पर,
समय की गतिशीलता को
कभी रोका नहीं,
बस, उसे समझा।

यह चिंगारी थी—
जो जंगल में छिपे
अज्ञेय अस्तित्व से बाहर निकली,

जो न केवल वानर से मानव की यात्रा थी,
बल्कि, चेतना की एक नई ऊँचाई की ओर
हमारा पहला कदम था।

विचार, कभी पंखों के बिना
उड़ने का सपना देखता था,
और कभी, जड़ता के भंवर में
डूबने का डर था।
लेकिन इसने आत्मविश्वास पाया
कि जीवन केवल विकास नहीं है,
यह एक अनन्त प्रवृत्ति है,
जो सागर की लहरों से
आसमान तक फैलती जाती है।

हमारी चेतना ने,
न केवल विचारों को आकार दिया,
बल्कि, उनसे संसार का ताना-बाना भी बुना।
अब, हम जंगल से बाहर आकर,
नए युग की राह पर चल पड़े हैं,
जहाँ हर विचार एक तारा बनकर
आकाश में चमकता है,
और हम, उस चमक के साथ
आगे बढ़ते जाते हैं।
मानवता की यात्रा,
इसी चिंगारी से,
हमारे दिलों में जलती रहती है।

मानव और आग की खोज

आग की खोज और उसका महत्व (प्राचीन मानव सभ्यता)

आग की खोज मानव इतिहास के प्रारंभिक चरणों में एक अत्यंत महत्वपूर्ण घटना थी, जिसे प्राचीन मानव ने लगभग 1.5 मिलियन वर्ष पहले किया था। इस काल को हम मानव सभ्यता के प्रारंभिक विकास का हिस्सा मान सकते हैं, जब मानव ने प्राकृतिक संसाधनों का उपयोग करना सीखा और आग के प्रयोग से जीवन की दिशा बदल दी।

इस समय, मानव ने पहली बार प्राकृतिक रूप से जलती हुई आग को नियंत्रित किया, उसे अपनी जरूरतों के लिए इस्तेमाल करना शुरू किया। आग की खोज ने न केवल भोजन पकाने, बल्कि ठंड से बचने, शिकारी जानवरों से सुरक्षा और अंधेरे में प्रकाश पाने की सुविधा प्रदान की। यह मानव की जीवनशैली में परिवर्तन का एक महत्वपूर्ण बिंदु था।

इसके साथ ही, आग ने मानव समाज को सामूहिकता, सामाजिकता और सहयोग के सिद्धांतों को समझने में भी मदद की, क्योंकि इसे नियंत्रित करने और सुरक्षित रूप से उपयोग करने के लिए समूह में काम करना जरूरी था।

आग की खोज ने न केवल जीविका के साधनों को बदल दिया, बल्कि यह विज्ञान, तकनीकी और कला के विकास की ओर पहला कदम था। इस काल के दौरान मानव ने विभिन्न उपकरणों और तकनीकी विधियों की खोज की, जो आगे चलकर सभ्यता के विकास में सहायक सिद्ध हुई।

अंधकार से प्रकाश तक

अंधकार के कुहासे में,
मानव ने अपनी छांव खोजी।
नन्हें हाथों से आग को पकड़ा,
गहरी रातों में, एक चिंगारी ने उसे राह दिखाई।

जंगल के बीचों-बीच,
नष्ट हो गए काले बादल,
जब पहली बार आग ने अपनी तपन में,
मानव के पंखों को पिघलाया और फिर फैलाया।

कभी डर से, कभी उम्मीद से,
उसने जलती लौ को निहारा।
यह केवल आग नहीं थी,
यह जीवन की निरंतरता का संदेश था।

उस आग में केवल गर्मी नहीं,
वह थी आशा की तपिश।
धुंए में छुपे रहस्य को,
उसने सामने लाया, बिना डर के।

वह आग, जो जीवन को रोशन करती है,
वह आग, जो असंभव को संभव बना देती है।
मानव ने इसे न केवल पकड़ा,
बल्कि इस से रास्ते खोजे, नये द्वार खोले।

आग ने केवल जलाया नहीं,
बल्कि उसे नया जन्म भी दिया।
सांसों की गर्मी से लेकर,
विश्व को समझने तक,
हर एक रेखा, हर एक शक्ल,
आग के सफर पर चलने की एक कहानी बन गई।

यह आग अब केवल लौ नहीं,
यह एक उत्पत्ति है,
एक यात्रा है, जो अब अंत नहीं जानती,
मनुष्य के दिलों में हमेशा जलती रहेगी,
अंधकार से प्रकाश तक,
आग का यह संघर्ष कभी न थमेगा।

आज भी वह आग हमारे भीतर जल रही है,
हमारे कर्मों में, हमारे सपनों में।
हमारे अस्तित्व के बुनियादी सिरे पर,
यह सुलगती लौ हमें रास्ता दिखाती रहती है,
कभी बुझने नहीं देती।

संवेदना और प्रेम का उदय

प्रेम और संवेदना का उद्भव (प्रारंभिक मानव समाज)

"स्पर्श का अहसास" कविता जीवन के आरंभिक और गहरे संवेदनात्मक पहलुओं को उजागर करती है। यह कविता प्रेम और संवेदना के उद्भव का चित्रण करती है, जो कोशिकाओं के स्तर से शुरू होकर मानवता के बड़े रूप में फैलता है। यह उस अदृश्य, मगर शक्तिशाली स्पर्श का अहसास कराती है जो न केवल शारीरिक रूप से, बल्कि आत्मिक और मानसिक स्तर पर भी गहरे प्रभाव डालता है।

कविता का काल, जो कोशिका के विकास से प्रारंभ होता है, जीवन के सबसे प्रारंभिक क्षणों की ओर इशारा करता है, जब प्रेम और संवेदना का कोई रूप नहीं था, केवल एक अदृश्य संचार था। यह काल उस समय को चित्रित करता है जब प्रेम और संवेदना की शक्ति ने आकार लेना शुरू किया और धीरे-धीरे यह हर जीवन रूप में समाहित हो गई। इसका तात्पर्य है कि यह समय न केवल जैविक विकास का, बल्कि आत्मिक और सामाजिक जागरूकता के विकास का भी है।

स्पर्श का अहसास

जीवन के आरंभ में,
जब कोशिकाएँ अपने अस्तित्व की तलाश में थीं,
उनमें न था कोई रूप, न कोई पहचान।
सिर्फ एक लहर, एक हलचल,
और फिर भी कुछ था, जो छुपा था भीतर—
संवेदनाओं का गूढ़ संसार।

उस अंधकार में,
जहाँ कोई प्रकाश नहीं था,
प्रेम की एक अदृश्य धारा ने,
हर बूँद में एक संभावना जलाई।
कोशिका से बाहर बढ़ती हर लहर,
शब्दों के बिना, समझ का विस्तार करती,
एक एहसास—जो रूह से रूह तक पहुँचता।

इस स्पर्श में एक अनकहा संवाद था,
जिसे समझना था, न देखना।
कभी तो यह सीधा था,
कभी कहीं लुका हुआ,
पर हमेशा, यह स्पर्श था प्रेम का,
जो हर कोशिका में एक नई ऊर्जा भरता।

जब संवेदनाएँ चुपके से आकार लेने लगीं,
एक नए संसार की रचना होने लगी।
यह वह पल था, जब नफरत की परतें हटने लगीं,
और प्रेम की धारा, जो कभी हल्की थी,
अब पृथ्वी पर हर जीव में समाहित हो रही थी।

जैसे आकाश में फैलते बादल,
जैसे नदी के किनारे लहरें पिघलती हैं,

वैसे ही प्रेम ने अपना स्वरूप पाया,
जैसे हर कोशिका से निकलकर,
इंसानियत तक पहुँचने का उसका रास्ता तय हुआ।

न कोई बंधन, न कोई दायरा,
प्रेम और संवेदना का यह संगीत,
एक अमिट स्पर्श की तरह फैलता है,
जो न केवल शरीर को,
बल्कि आत्मा को भी छूता है।

और तब, जब हम खुद को एक दूसरे में महसूसते हैं,
हम मानते हैं कि यह स्पर्श,
जो हमने महसूस किया था कभी,
वह अब जीवन का स्थायी हिस्सा बन चुका है,
जो हमेशा हमें जोड़ता है,
संवेदनाओं और प्रेम की अनन्त धारा में।

समुदाय और भाषा का विकास

संवाद की कला और सांस्कृतिक विकास (मानव सभ्यता का प्रारंभिक चरण)

संक्षिप्त परिचय: समुदाय और भाषा का विकास काल

मानव सभ्यता का प्रारंभिक चरण, जब मानव ने अपने अस्तित्व की मूलभूत आवश्यकताओं को पूरा करने के लिए सामाजिक संरचनाओं का निर्माण किया, वह समय समुदाय और भाषा के विकास का भी था। इस काल में, मानव ने अपनी प्राथमिक भाषा को विकसित किया, जो मुख्य रूप से संकेतों, ध्वनियों और शारीरिक भाषा के माध्यम से होती थी। धीरे-धीरे, इन रूपों में विस्तार हुआ और संवाद की कला ने समाज को एकजुट करने का कार्य किया।

1. संवाद की शुरुआत:
प्रारंभिक मानव ने अपने विचारों, भावनाओं और ज़रूरतों को दूसरों तक पहुँचाने के लिए शरीर की भाषा, आवाज़, और ध्वनियों का प्रयोग किया। यह संवाद सीमित था, लेकिन यह सामाजिक संबंधों और समुदायों की नींव रखता था।

2. भाषा का विकास:
जैसे-जैसे मानव समाज में बदलाव आया, और समुदायों ने स्थायित्व पाया, वैसे-वैसे भाषा का विकास भी हुआ। शब्दों और ध्वनियों का संकलन हुआ, और मानव ने अपने विचारों और ज्ञान को दूसरों तक पहुँचाने के लिए अधिक जटिल और प्रभावी भाषा का उपयोग शुरू किया।

3. सांस्कृतिक विकास:

संवाद की कला ने सभ्यता और संस्कृति के विकास में महत्वपूर्ण भूमिका निभाई। धर्म, दर्शन, कला, और विज्ञान का प्रसार भाषा के माध्यम से हुआ। भाषाएँ अब केवल सूचना के आदान-प्रदान का माध्यम नहीं, बल्कि समाज के सांस्कृतिक, सामाजिक और नैतिक मूल्यों को संरक्षित करने का जरिया बन गईं।

यह काल मानव इतिहास का आधारशिला था, जब भाषा और संवाद ने सामाजिक संरचनाओं को मजबूती दी और सभ्यता के विकास को गति प्रदान की।

वाणी की शक्ति

वाणी, जो केवल शब्द नहीं होती,
वह आकाश की गूंज होती है,
जिसे सुनकर पृथ्वी का हर कण जाग उठता है,
वह नदियों की धारा सी बहती है,
हवाओं की हलचल में समाहित होती है।

प्राचीन समय में, जब सिर्फ संकेत थे,
जब हर आक्रोश और खुशी का आक्रांत स्वर
मौन की चादर में बसा था,
तब शब्द नहीं, हृदय के भाव थे मुख्य।
लेकिन फिर आई वाणी,
जो हर दिल से बाहर निकलने लगी।

वह वाणी जो आवाज़ बन गई,
वह आवाज़ जो संगीत बन गई,
संगीत से बात करने की एक नई भाषा पैदा हुई,
और इस भाषा ने सभ्यता को आकार दिया।

यह वही शक्ति थी,
जो जंगलों से शहरों तक पहुंची,
जिनसे समाज का निर्माण हुआ,
जिनसे संस्कृति को एक दिशा मिली।

मनुष्य ने अपनी कहानियां गढ़ीं,
वह गाथाओं के रूप में जीवित रहीं,
और धीरे-धीरे शब्दों ने ढाला इतिहास,
हर शब्द एक समय, एक संस्कृति, एक जीवन था।

हर संवाद एक सेतु था,
जो दिमागों को जोड़ता था,
वह सेतु जिसने दुनियाओं को जोड़ दिया।

जब विचार मिलते हैं,
तब भाषा जन्म लेती है।

सांस्कृतिक विकास की यात्रा,
वह यात्रा जो भाषा के साथ साथ चलती रही,
जिसमें हर सृजनात्मकता ने,
समाज को एक नया दृष्टिकोण दिया।

अब, शब्दों का मोल बढ़ा है,
वे व्यापार, राजनीति और कला में रूपांतरित होते हैं,
लेकिन उनकी जड़ें वही पुरानी हैं,
जो कभी मनुष्य के दिल से निकली थीं।

वाणी की शक्ति निरंतर बढ़ती गई,
वह समाज की धारा बन गई,
हमेशा बहते हुए,
नई दिशाओं की ओर,
नई दुनिया बनाने के लिए।

यह कविता, उस वाणी की यात्रा का प्रतीक है,
जो केवल संवाद नहीं,
बल्कि मानवता के विकास का मूल आधार बन गई।

धर्म और विश्वास की उत्पत्ति

धार्मिक मान्यताओं का विकास (प्राचीन सभ्यताओं का हिस्सा)

धर्म और विश्वास की उत्पत्ति मानवता के पहले सामाजिक और सांस्कृतिक विकास के साथ गहरे जुड़ी हुई है। प्राचीन सभ्यताओं, जैसे सुमेरियन, मिस्री, वैदिक, और मेसोपोटामियन सभ्यताओं में धर्म का आरंभ हुआ था। यह विश्वास प्रणाली पहले प्रकृति की पूजा और उसके विभिन्न तत्वों (आग, जल, सूर्य, चंद्रमा) को लेकर विकसित हुई, फिर देवताओं और जीवन के अन्य असंख्य पहलुओं की पूजा की जाने लगी।

धर्म का उद्देश्य मनुष्य को अपने अस्तित्व का अर्थ समझाना था, उसके जीवन के उद्देश्य को निर्धारित करना था और सामाजिक व्यवस्था में एकता और शांति बनाए रखना था। यही कारण था कि इन सभ्यताओं में धार्मिक अनुष्ठान, प्रार्थनाएँ और आस्थाएँ प्रबल रूप से पाई जाती थीं।

किसी समय में आस्था को विशेष रूप से देवताओं के रूप में देखा जाता था, जो मानव जीवन के हर पहलू पर प्रभाव डालते थे। धीरे-धीरे ये मान्यताएँ एक संगठित रूप में धर्मों के रूप में फैलने लगीं, जिनमें सामाजिक कर्तव्यों, नैतिकता और आध्यात्मिकता के निर्देश दिए गए।

इस प्रकार, धर्म और विश्वास की उत्पत्ति मानव के पहले सामाजिक, सांस्कृतिक और आध्यात्मिक खोज का परिणाम थी, जो धीरे-धीरे सभ्यताओं के आधारभूत अंग बन गई।

आस्था के दीप

धर्म की उत्पत्ति, आस्थाओं का खगोल
सदियों से फैली, सुमेरियाई, मिस्री, और वेदों के वंशजों की धारा।
कौन कहता है कि यह आस्था, बस आकाश से उतरी एक चमत्कारी चमक है?
नहीं, यह हमसे पहले भी रही, हमसे पहले भी यह खोजी गई थी।

समुद्र के किनारे, जंगलों में, पर्वतों के बीच,
मनुष्य ने आकाश से गूंजती आस्था को महसूस किया।
वह पहले देवताओं की छाया में था,
हर कदम पर मान्यताओं का गठबंधन, हर कार्य में एक उद्देश्य।

धर्म वह दृश्य नहीं है, जिसे कोई किताब मात्र बताती है।
यह जीवन की जड़ से निकल कर, हमारी आँखों में छुपी एक छाया बन जाता है।
समाज में वैविध्य और विश्वास का उत्थान,
हमें बंधता नहीं, बल्कि मुक्ति की ओर ले जाता है।

और फिर वह युग आया, जब संप्रदाय नहीं,
बल्कि विचारों के ध्वज तले मानवता ने आस्था को पुनः जन्म दिया।
अब धर्म केवल परंपरा का नाम नहीं,
यह एक प्रेरणा है, जो हर व्यक्ति को अपने भीतर की तलाश में खुद को पाता है।

हम जिन देवी-देवताओं की पूजा करते हैं,
क्या वे सिर्फ एक यथार्थ से जुड़े हैं, या फिर मानवता के प्रतीक हैं?
क्या यह आस्था सिर्फ हमारे मन की गहरी गुफा में सिमटी है,
या फिर यह ब्रह्मांड की असीम अनुग्रह की निशानी बन गई है?

आस्था के दीप, हम उन अंधेरों में जलाते हैं,
जहाँ अज्ञान का समुंदर हमें डुबोने की धमकी देता है।
धर्म केवल एक मार्गदर्शक नहीं,

यह एक आत्मसाक्षात्कार का सफर है, जो हमें सब कुछ समझाता है,
हम और आप, हम सभी, एक दूसरे से जुड़े हुए हैं,
हमारे विश्वासों में, हमारी पृथ्वी पर, हमारे समय में।

और इस यात्रा में,
हर मान्यता, हर विश्वास, हर धर्म,
एक आकाश की ओर बढ़ती हुई राह का हिस्सा बन जाता है।
आस्था के दीप जलाओ,
हर मोड़ पर, हर रात में,
ताकि अंधेरा कभी तुम्हें दूर न कर सके,
और तुम हमेशा उजाले की ओर बढ़ते रह सको।

ज्ञान और आगमन

विज्ञान और गणित की खोज (प्राचीन और मध्यकालीन)

विज्ञान और गणित की खोज मानव सभ्यता के विकास में अहम भूमिका निभाती रही है। प्राचीन और मध्यकालीन काल में यह दोनों क्षेत्र न केवल जीवन के रहस्यों को समझने के प्रयास थे, बल्कि समाज के सांस्कृतिक और बौद्धिक परिदृश्य को भी आकार देते थे।

प्राचीन काल: प्राचीन सभ्यताओं, जैसे मेसोपोटामिया, मिस्र, और भारत में गणित और विज्ञान की नींव रखी गई। मिस्र और मेसोपोटामिया में गणना और अंक प्रणाली का उपयोग खगोलशास्त्र, खेती, और समय निर्धारण के लिए किया जाता था। भारत में वेदों और उपनिषदों के माध्यम से ब्रह्मांड और जीवन के सिद्धांतों पर चिंतन हुआ। गणित में शून्य का सिद्धांत और पाई का मान जैसी अवधारणाएँ इस समय विकसित हुईं।

मध्यकालीन काल: मध्यकालीन काल में, विशेष रूप से इस्लामिक स्वर्णयुग के दौरान, विज्ञान और गणित का महत्वपूर्ण विकास हुआ। अरबी गणितज्ञों और वैज्ञानिकों ने प्राचीन ग्रीक और भारतीय ज्ञान को सहेजा और उसे आगे बढ़ाया। अल-ख्वारिज्मी ने अल्जेब्रा का विकास किया, जबकि रशीद अल-दीन और अबू अली इब्न अल-हैथम ने भौतिकी और खगोलशास्त्र में महत्वपूर्ण योगदान दिया। पश्चिमी यूरोप में भी इस समय के दौरान विज्ञान में रुचि बढ़ी और गैलिलियो और न्यूटन जैसे वैज्ञानिकों ने बाद में आधुनिक युग में क्रांतिकारी खोजें कीं।

इस प्रकार, प्राचीन और मध्यकालीन काल में विज्ञान और गणित की खोज मानवता के ज्ञान के विस्तार में महत्त्वपूर्ण अध्याय रहे हैं, जिन्होंने आज के वैज्ञानिक और गणितीय सिद्धांतों की नींव रखी।

प्रकाश की खोज

जब अंधकार था हावी, और मनुष्य की आँखें
बड़ी बारीकी से ब्रह्मांड के राज़ों को ढूँढतीं,
तब जीवन का अदृश्य पथ,
न केवल समय और स्थान में बँधा,
बल्कि वह स्वयं में एक रहस्य था,
जो अनगिनत प्रश्नों में बसा हुआ था।

विज्ञान ने अपना पहला कदम रखा
अतीत की गूढ़ छायाओं में,
और गणित का अमर सूत्र
उसके साथ चला,
अंतरिक्ष के बर्फीले विस्तार से
पृथ्वी की ध्रुवीय जड़ों तक।

जब चंद्रमा की चाँदनी ने
सूर्य के आलोक को ललचाया,
तब गणितज्ञों ने सूरज के घेरे
और ग्रहों के पथों को नापा,
बिना शब्दों के, बिना प्रतीकों के,
केवल शुद्धता और तार्किकता में खोया हुआ।

सूर्य का प्रकाश सिर्फ प्रकाश नहीं था,
यह एक संकेत था,
समझने का, खोजने का,
अंतरिक्ष की आकाशगंगा से बाहर
कभी न समाप्त होने वाली
ज्ञान की खोज का,
जहाँ एक सूत्र से बढ़कर
सभी शंकाएँ और अनुत्तरित सवाल थे।

यह वही समय था,
जब शब्दों से अधिक गणना करने की आवश्यकता थी,
हर संख्याएँ, हर समीकरण
नया दृष्टिकोण प्रदान करते थे,
जैसे—हजारों बूँदों की एक नदियाँ,
गहरी और अनंत,
अपने प्रवाह के साथ चलने की शक्ति
वह ऊर्जा बन जाती थी,
जो अंधकार को हराते हुए
दूर दूर तक फैल जाती।

प्राचीन गणितज्ञों की कल्पनाएँ,
जिन्होंने सिद्धांतों को आकार दिया,
जो आज भी हमारे जीवन की नींव बन चुके हैं,
उनकी खोजें, उनकी तपस्या,
सिर्फ गणना से अधिक थीं—
यह अस्तित्व की समझ थी,
संगठित ब्रह्मांड की गूढ़ रहस्य से,
जिसमें हम सब बचे रहते हैं।

कभी भी प्रकाश की खोज,
केवल आकाश में नहीं थी,
यह उन परछाइयों से बाहर निकलने का
सपना था,
जो हममें से हर एक के भीतर
हर क्षण छुपा रहता है।

गणित ने वह राह दिखाई,
जो संयोग नहीं, नियति थी,
जहाँ हर रूप, हर रेखा,
हर आंकड़ा, हर विचार
एक अमिट सत्य की ओर
हमारी यात्रा को आगे बढ़ाते हैं।

अधिकार और समाज का गठन

समाज और नियमों का विकास (प्रारंभिक सामाजिक संरचनाएं)

प्रारंभिक मानव समाज में संगठन और नियमों की आवश्यकता जीवन की रक्षा, संसाधनों के वितरण और बाहरी खतरों से सुरक्षा के लिए उत्पन्न हुई। आदिम काल में मानवजाति का जीवन सहज और असंगठित था, जहाँ एक दूसरे पर निर्भरता और व्यक्तिगत अस्तित्व की स्थिति थी। धीरे-धीरे, जैसे-जैसे समूह बड़े होते गए, एक-दूसरे से संबंध और साझेदारी की आवश्यकता पड़ी, जो किसी प्रकार के नियम और व्यवस्था के गठन की ओर अग्रसर हुई।

प्रारंभिक सामाजिक संरचनाएं, जैसे- कबीले, जनजातियाँ और फिर नगर-राज्य, धीरे-धीरे बनती गईं, जिनमें प्रत्येक सदस्य का अधिकार और कर्तव्य निर्धारित था। इन समाजों में अक्सर एक निश्चित व्यक्ति या समूह ने शक्ति को नियंत्रित किया, और सामूहिक निर्णयों के लिए आचार संहिता (code of conduct) विकसित की। इस समय तक न्याय और अधिकारों की अवधारणा प्राथमिक थी, जिसमें व्यक्तिगत हितों की बजाय सामूहिक सुरक्षा और सहयोग पर जोर था।

समाज में नियमों का उद्देश्य था संतुलन बनाए रखना, संघर्षों से बचाव करना, और सभी के लिए समान अधिकार और सम्मान सुनिश्चित करना। इससे सामाजिक न्याय की नींव पड़ी, जो बाद में धर्म, राजनीति और कानून के रूप में विकसित हुई। इन प्रारंभिक नियमों का उद्देश्य था समाज में शांति और स्थिरता का निर्माण, जिससे समाज को संरक्षित किया जा सके और प्रत्येक व्यक्ति को अपने अधिकारों का अहसास हो सके।

न्याय की खोज

समाज का निर्माण हुआ,
प्रारंभ में, जैसे रेत पर आड़ी-तिरछी लकीरें,
अस्थिर, अनिश्चित,
बिना किसी ध्येय के।

ताकत और कमजोरियों के बीच
जीवित थे, हर प्राणी,
जैसे दो सर्पों के बीच में एक कड़ा तंतु।
कभी तानाशाही का कहर,
कभी शोषण की गूंज।

न्याय, एक रेशमी धागा था,
जो मनुष्य ने खोजा था,
पर उसके हाथों में फंसा न था।
क्या यह केवल शब्द था?
या वास्तविकता की गहराई?

समाज के अस्तित्व का बुनियादी सवाल
था - "कौन है न्याय का संरक्षक?"
क्या यह शासनकर्ता की शक्ति में था?
या हर व्यक्ति की नैतिकता में?

आगे बढ़ते हुए,
मानवता ने खुद को पहचाना,
और रचनात्मकता ने जन्म लिया।
एक क्रांति,
जिसने नियमों को परिभाषित किया।
किसी के अधिकार की रक्षा,
किसी के कर्तव्यों का आदान-प्रदान।

समाज के गठन में हर कड़ी थी महत्वपूर्ण,

हर धारा, हर विचार,
किसी ने नहीं सोचा था कि न्याय इतना जटिल होगा,
कभी अकेला, कभी समाज के भीतर बसा।

और फिर धीरे-धीरे,
न्याय की गहराई से बाहर आया
एक समाज, जिसमें भेदभाव कम हो,
और हर इंसान का अधिकार सुरक्षित हो।

न्याय की खोज कभी समाप्त नहीं होती,
क्योंकि समाज हर दिन नया रूप लेता है,
परंतु हमें उसे ढूंढते रहना है,
हर नई सुबह, हर नई रात।

मानव और प्रकृति का संघर्ष

प्रकृति के साथ संघर्ष (मानव सभ्यता के विकास के साथ)

"धरती की पीड़ा" एक ऐसी कविता है जो मानव सभ्यता के विकास और प्रकृति के बीच लगातार बढ़ते संघर्ष को उजागर करती है। यह कविता उस दर्द और पीड़ा का प्रतीक है जो धरती अनुभव कर रही है, जब मानव अपने लालच, औद्योगिक प्रगति, और भौतिक सुखों के लिए प्राकृतिक संसाधनों का अंधाधुंध दोहन कर रहा है।

इस कविता में, धरती एक माँ के रूप में प्रस्तुत की गई है, जो अपने ही बच्चों द्वारा घायल की जा रही है। यह संघर्ष केवल धरती और उसके घटकों का ही नहीं, बल्कि स्वयं मानवता के अस्तित्व का भी है। कवि ने इस संघर्ष को एक चेतावनी के रूप में प्रस्तुत किया है, जहाँ अगर समय रहते हमने अपनी जिम्मेदारी नहीं समझी, तो यह विकास विनाश में बदल जाएगा।

यह कविता एक पुकार है, एक आह्वान है — प्रकृति के साथ संतुलन और सामंजस्य की ओर लौटने का।

धरती की पीड़ा

धरती के हरे आँगन में,
जहाँ कभी खिलखिलाते थे वृक्ष,
बहते थे निर्मल झरने,
और गूँजता था पक्षियों का मधुर संगीत,
अब वहाँ खामोशी है,
एक अजीब सी घुटन है।

मानव ने अपने सपनों को आकार दिया,
उसी आकार के पीछे पीछे,
छूटती गई प्रकृति की धड़कन।
पहाड़ों की चोटी से समतल मैदानों तक,
काँपती रही धरती,
पिघलती रही उसकी ठंडी चादरें,
जैसे किसी ने छीन ली हो उसकी शीतलता।

कभी नदियों के उस पार,
जहाँ इंद्रधनुष की हल्की छाया बनती थी,
आज वहाँ धुएँ के घने बादल हैं।
नदी का पानी कड़वा है,
जिसमें किसी समय मछलियाँ तैरती थीं,
आज वहाँ प्लास्टिक के टुकड़े बहते हैं,
जैसे नदी के आँसू हों।

मानव सभ्यता का विकास,
उसकी उड़ानें, ऊँची इमारतें,
और चकाचौंध भरी बत्तियाँ,
धरती का श्रृंगार नहीं हैं;
यह एक बोझ है,
जो उसकी पीठ पर भारी होकर बैठ गया है।

धरती, जो कभी माँ थी,
अब एक संघर्षमयी योद्धा है,
वह तड़पती है, चिल्लाती है,
मानव से कहती है —
"मुझे छोड़ दो,
मेरे जंगलों को,
मेरे पशुओं को,
मेरे जलस्रोतों को,
अपने लालच की आग में मत झोंको।"

पर मानव बहरा है,
उसके कानों में मशीनी शोर है,
और आँखों में केवल दौलत की चमक।
उसे नहीं दिखती वह सूखी मिट्टी,
जो उसकी हर सांस में है,
वह नहीं देखता उस हवा का जहर,
जो हर साँस में घुल रहा है।

धरती की चीखें सुनो,
उसके आँसू देखो,
यह संघर्ष केवल उसका नहीं है,
यह संघर्ष उसका और हमारा है।
इस लड़ाई में हार होगी,
तो केवल धरती नहीं हारेगी,
हम भी हार जाएँगे —
अपनी ही बनाई इस पथरीली दुनिया में।

यह विकास नहीं है,
यह एक धीमी मौत का आमंत्रण है,
जो हमें हमारी ही जड़ों से काट रहा है।
धरती की पीड़ा,
एक चेतावनी है, एक पुकार है,
कि अब भी समय है,

हम संभल सकते हैं,
हम लौट सकते हैं
उसी हरियाली की ओर,
जिसने कभी हमें जीवन दिया था।

धरती का दर्द,
हमारा अपना दर्द बन जाए,
तो शायद हम उसे जी सकें,
और अपने वजूद को
उसे वापस कर सकें।

धरती की पुकार सुनो,
उसके घाव देखो,
वह माँ है, योद्धा है,
और वह इंतजार कर रही है
हमारे लौटने का।

टेक्नोलॉजी और विज्ञान का युग

विज्ञान और तकनीक के इस युग में मानवता ने असाधारण प्रगति की है। यह वह समय है जहाँ मशीनें, इंटरनेट, और कृत्रिम बुद्धिमत्ता हमारे दैनिक जीवन का हिस्सा बन गए हैं। आज की दुनिया में ज्ञान की खोज निरंतर जारी है, और हर पल नई तकनीकी खोजें हमें एक नए आयाम में ले जाती हैं।

जहाँ एक ओर ये आविष्कार हमारे जीवन को सरल और सुविधाजनक बना रहे हैं, वहीं दूसरी ओर वे मानवीय संवेदनाओं और रिश्तों में एक अनचाहा फासला भी ला रहे हैं। जीवन की तेज रफ्तार में, हम हर चीज़ का डिजिटल रूप देख रहे हैं—काम, शिक्षा, चिकित्सा, और यहाँ तक कि संवाद भी तकनीक पर निर्भर हो गए हैं।

इस युग में विज्ञान और तकनीक ने अद्वितीय ऊँचाइयाँ छुई हैं, लेकिन सवाल यह है कि क्या हम इस विकास की दौड़ में अपनी मूल मानवता और प्रकृति से दूर होते जा रहे हैं?

आधुनिकता की ओर

विज्ञान और तकनीक का यह युग,
जहाँ हर क्षण है गति, हर पल है विकास।
एक समय था, जब जीवन था सरल,
अब है एक उथल-पुथल, एक निरंतर खोज,
नित नई ऊँचाइयों को छूने की,
समझने की अनगिनत गहराइयों को।

किसी यंत्र की तरह हम सब,
बढ़ते जा रहे हैं अज्ञात दिशाओं में,
जहाँ भावनाओं का मूल्य,
संवेदनाओं की ध्वनि, कहीं खो सी गई है।
टेक्नोलॉजी की रोशनी में,
छुप गया है एक धुंधला अंधेरा,
मानवता की उस आत्मा का,
जो कभी थी सरल और निश्छल।

आर्टिफिशियल इंटेलिजेंस और रोबोट के बीच,
इंसान भी हो गया है यंत्र सा,
चेहरे पर मुस्कान नकली,
मन में जज़्बातों का अभाव।
कम्प्यूटर स्क्रीन पर दिखने वाले शब्द,
भावनाओं से रहित,
बस कोड और डेटा में खो चुके हैं।

अब नहीं है जरूरत संवाद की,
बस एक क्लिक, एक टच, और हर चीज़ पास,

लेकिन दूरियाँ इतनी बढ़ गई हैं,
कि दिलों के बीच का फासला,
स्मार्टफोन के कनेक्शन से भी नहीं भर पाता।

प्रगति की इस अंधी दौड़ में,
भूल चुके हैं हम वह पल,
जब प्रकृति की गोद में था हमारा अस्तित्व,
जब आकाश की ऊँचाईयों को नहीं,
बल्कि धरती की गहराईयों को समझने का था प्रयास।
विज्ञान ने हमें चमत्कार दिये हैं,
पर कहीं खो गई है वह सादगी,
जो एक समय जीवन का सार थी।

अब यह युग है विज्ञान का,
हर सवाल का उत्तर है प्रयोगशाला में,
पर क्या कोई है जो पूछे,
इन जवाबों का मूल्य,
इस यांत्रिकता का अर्थ?
क्या खो दिया हमने,
इस अनवरत प्रगति में,
जो कभी हमें जोड़ती थी,
मानवता की मूल भावना से?

आज भी कहीं गूंजती है एक पुकार,
एक सिसकी, उस जीवन की,
जो तकनीक से परे था,
जो विज्ञान के आंकड़ों से नहीं बंधा था।
जो था सिर्फ एक भाव, एक एहसास,

एक मानवता का मर्म,
जो विज्ञान और तकनीक से कहीं अधिक था।

इस युग में जहाँ हर चीज़ है संभव,
बस एक चीज है दुर्लभ –
मानवता की वो सरलता,
वो संवेदनाओं का असीमित प्रवाह।
आधुनिकता की ओर बढ़ते हुए,
क्या कहीं पीछे छूट गया है वह अंश,
जो हमें 'इंसान' बनाता है?

औद्योगिक क्रांति

औद्योगिक क्रांति एक ऐतिहासिक परिवर्तन का दौर था, जिसने 18वीं शताब्दी के उत्तरार्ध और 19वीं शताब्दी की शुरुआत में यूरोप, विशेषकर ब्रिटेन से प्रारंभ होकर पूरी दुनिया को बदल दिया। इस युग में उत्पादन के पारंपरिक तरीकों से हटकर आधुनिक मशीनों और नई तकनीकों का प्रयोग होने लगा, जिससे मानव जीवन, समाज और अर्थव्यवस्था में अभूतपूर्व बदलाव आए।

इस क्रांति से पहले, अधिकांश उत्पादन हाथों से होता था, और कृषि मुख्य आजीविका थी। औद्योगिक क्रांति ने पहली बार बड़े पैमाने पर मशीनों के माध्यम से उत्पादन को संभव बनाया, जैसे कपड़ा बनाने वाली मशीनें, भाप के इंजन और लौह उद्योग में प्रगति। भाप इंजन के आविष्कार ने यातायात में क्रांति ला दी, जिससे रेल और स्टीमबोट जैसे नए साधन अस्तित्व में आए।

इस युग में कोयला, लोहा, और बिजली के व्यापक उपयोग ने कारखानों और उद्योगों को प्रोत्साहित किया। न केवल उत्पादन की दर में वृद्धि हुई, बल्कि सामानों की गुणवत्ता और पहुंच भी बेहतर हुई। इससे नगरों और शहरों का विकास हुआ, जहाँ लोग रोजगार की तलाश में ग्रामीण क्षेत्रों से आकर बसने लगे।

हालाँकि, औद्योगिक क्रांति के इस काल में प्रगति के साथ कई चुनौतियाँ भी सामने आईं। बढ़ती फैक्ट्रियों से प्रदूषण, श्रमिकों के शोषण, और गरीबों तथा अमीरों के बीच आर्थिक असमानता जैसी समस्याएं बढ़ीं। इस समय के धुएं भरे वातावरण में तरक्की की नई परिभाषा गढ़ी जा रही थी, जिसमें मानवता की पुरानी धरोहर कहीं धुंधली होती जा रही थी।

औद्योगिक क्रांति ने दुनिया को तकनीकी और आर्थिक दृष्टि से उन्नत किया, लेकिन इसके सामाजिक और पर्यावरणीय प्रभावों ने मानवता के सामने कई सवाल भी खड़े किए, जिनका उत्तर हम आज भी तलाश रहे हैं।

धुएं में बसी तरक्की

ये जो धुआं है,
वो सिर्फ़ काले आसमान का गुनहगार नहीं,
वो गवाह है उस क्रांति का,
जो खेतों की मिट्टी से,
लोहे और कोयले की खदानों तक पसर गई।

एक दौर था, जब मानव हाथों में ताकत का नशा था,
मांसपेशियों से पत्थर काटे जाते थे,
पसीने की बूंदों से दुनिया के पहिये चलते थे।
पर अब, ये लोहे के पहिये,
गति में बंधे इंसानी सपनों को खींच रहे हैं,
धुआं बनकर आसमान में उड़ रहे हैं।

गांव से शहर की ओर बहती ये नदी,
जो कभी इंसान की चाहत थी,
अब फैक्ट्रियों की चिमनियों में जलकर,
जैसे सांसों की पीड़ा का शोर है।

लोहे की उस ठोस धड़कन में,
जिसे मशीन कहते हैं,
हर स्पंदन में दबी है एक कहानी,
इंसानी हौसले की,
और श्रम की वह तपिश,
जो पत्थर से धातु को गढ़ने का साहस रखती है।

औद्योगिक क्रांति की इस लहर ने,
सभ्यता की नींव हिला दी,
धरती की गोद से चुराए ईंधन ने,
सारी दुनिया में प्रगति की चिंगारी जलाई।

लेकिन इस धुएं के पीछे छुपे हैं,

असंख्य हाथ जो थकते नहीं,
आंखें जो सपनों से झांकती हैं,
हाथ जो कभी मिट्टी के गीत गाते थे,
अब मशीनों की आवाज़ में खो गए।

इस धुएं में बसी तरक्की का मोल,
क्या केवल विकास की रफ्तार है?
या उन सपनों का कत्ल,
जो खदानों और फैक्ट्रियों के कोनों में दम तोड़ देते हैं।

ये धुआं,
सिर्फ़ प्रगति का प्रतीक नहीं,
बल्कि वो गवाही है उस वक्त की,
जब मानवता ने तरक्की के लिए,
अपने ही सपनों का सौदा किया,
और धुएं में खो गए वे चेहरे,
जो दुनिया को रौशन करने के लिए,
खुद अंधेरे में गुम हो गए।

औद्योगिक क्रांति का ये धुआं,
एक चेतावनी भी है,
कि अगर हम तरक्की के इस धुएं में,
इंसानियत को खो देंगे,
तो हमारी ये उन्नति,
केवल धुएं का छलावा बनकर रह जाएगी।

मानव अधिकारों की यात्रा

आधुनिक काल में स्वतंत्रता और समानता के विचार का विकास औद्योगिक क्रांति, वैज्ञानिक उन्नति, और वैश्विक संपर्कों के साथ शुरू हुआ। 18वीं शताब्दी में, यूरोप में फ्रांसीसी क्रांति और अमेरिकी स्वतंत्रता संग्राम ने व्यक्तिगत स्वतंत्रता और समानता के अधिकारों का बिगुल बजाया। "सभी मनुष्यों के समान अधिकार" की यह अवधारणा दुनिया के विभिन्न हिस्सों में गूंजने लगी।

19वीं और 20वीं शताब्दी के दौरान, विभिन्न समाज सुधार आंदोलनों, जैसे भारत में महात्मा गांधी का स्वतंत्रता संग्राम, दक्षिण अफ्रीका में नेल्सन मंडेला का रंगभेद विरोध, और अमेरिका में मार्टिन लूथर किंग जूनियर के नेतृत्व में नागरिक अधिकार आंदोलन ने मानवाधिकारों की अवधारणा को नई परिभाषाएँ दीं। इसी काल में संयुक्त राष्ट्र की स्थापना के बाद मानव अधिकारों की सार्वभौमिक घोषणा (1948) ने अधिकारों को अंतरराष्ट्रीय मान्यता दी।

आधुनिक युग में, समानता की परिभाषा विस्तृत हो चुकी है - इसमें लैंगिक समानता, नस्लीय समानता, शिक्षा और रोजगार में समानता, अभिव्यक्ति की स्वतंत्रता, धार्मिक स्वतंत्रता आदि शामिल हैं। वर्तमान में, ये अधिकार केवल कानूनों तक सीमित नहीं हैं बल्कि सामाजिक जागरूकता और व्यक्तिगत स्वीकृति के रूप में भी फैल रहे हैं।

सबके लिए समानता

जब प्रारंभ हुई चेतना की यात्रा,
तब केवल स्वार्थ का एक कोना था।
हर रचना में एक जीवित उर्जा,
पर मानवीयता से दूर एक सपना था।

फिर बढ़ा कदम और बढ़ी समझ,
कुछ बंधन टूटे, बंधे कुछ बंधन।
जाति-धर्म के खांचे गढ़े इंसानों ने,
अलग-अलग किया अपनों ने परायों से।

स्वतंत्रता की आवाज़ गूंजने लगी,
जंजीरें दरकने लगीं कच्ची दीवारों सी।
मानव ने चाहा, सबकी एक पहचान हो,
हर एक को जीने का सामान हो।

वक़्त के साथ आई संवेदनाओं में नई हवा,
अब संघर्ष ना सिर्फ़ जिंदा रहने का था,
बराबरी का, हक का, स्वाभिमान का था,
हर व्यक्ति के लिए सम्मान का था।

नारी, शूद्र, दलित या वंचित,
हर कोई चाहता था अधिकार।
आवाज़ें उठीं, हंगामे हुए,
समता का सपना कहीं पलने लगा।

फिर लिखा गया कानून का ग्रंथ,
स्वतंत्रता, समानता का शंखनाद।
जन्म लिया मानवाधिकारों ने,
हर दिल में नई उम्मीद जगी।

आज भी ये यात्रा पूरी नहीं,

हर गली में कोई टूटता है।
लेकिन ये प्रयास चलता रहे,
ताकि एक दिन हर दिल सुलझता रहे।

सबके लिए समानता का सपना,
हर आँसू पोंछने की प्रतिज्ञा।
वो दिन दूर नहीं जब हम कहें,
"सबके लिए, सबके साथ – समानता।"

संघर्ष और युद्धों का युग

संघर्ष और युद्धों का युग – विशेषकर 20वीं सदी की शुरुआत से लेकर मध्य तक का काल – मानव इतिहास का एक ऐसा समय है जब समूची धरती पर युद्ध की भयंकर गूँज सुनाई दी। यह समय विश्व युद्धों का युग था, जिसने मानवता को गहरे जख्म दिए और समाज की चेतना को हिलाकर रख दिया।

प्रथम विश्व युद्ध (1914-1918) और द्वितीय विश्व युद्ध (1939-1945) ने राष्ट्रों को न केवल सैनिकों और संसाधनों की दृष्टि से बल्कि नैतिकता और मानवीय मूल्यों के स्तर पर भी पूरी तरह प्रभावित किया। ये युद्ध महज सीमाओं और अधिकारों के लिए नहीं, बल्कि विचारधाराओं, वर्चस्व, और शक्ति की अंधी दौड़ में हुए संघर्ष थे। इन संघर्षों ने लाखों निर्दोष लोगों की जान ली और अनगिनत परिवारों को उजाड़ दिया।

युद्धकालीन समय में बारूद, टैंक, और गोलियों की गूंज ने प्रकृति की सुंदरता को तबाह कर दिया था। शहर मलबे में बदल गए, हरे-भरे खेत बंजर हो गए, और घरों के स्थान पर खंडहर बच गए। यह युग विज्ञान की शक्ति को विनाश के लिए प्रयोग करने का प्रतीक भी बना, जब परमाणु बम जैसी भीषण विध्वंसक शक्तियों का प्रयोग किया गया। हिरोशिमा और नागासाकी पर हुए परमाणु हमले इस युग के सबसे

काले अध्यायों में से एक हैं, जहाँ प्रकृति और जीवन के मूल स्वरूप का मानो अंत कर दिया गया।

इन युद्धों का असर मात्र सीमाओं तक सीमित नहीं रहा, बल्कि यह पीड़ा हर मानव के मन में बसी, जिसने इंसानियत और सभ्यता को संकट में डाल दिया। युद्धों ने लोगों के मन में नफरत, अविश्वास, और भय के बीज बोए, जिससे समाज में असुरक्षा और संघर्ष की भावना गहराई। युद्ध के इस अंधेरे युग में इंसानियत घुटती रही, लेकिन इसी अंधकार में शांति की एक अंतिम उम्मीद भी जागी।

संघर्ष और विनाश के इस समय ने मानवता को यह सिखाया कि युद्ध का मार्ग सिर्फ बर्बादी की ओर ले जाता है और सच्चा विकास केवल शांति और भाईचारे में निहित है।

अंधेरे में इंसानियत

रक्तिम सूरज की किरणें धुंध में लिपटी,
धरती का आँचल छिपा जख्मों के निशानों में,
एक युग आया जब बंदूकें ही भाषाएँ बन गईं,
और इंसानियत, जंजीरों में बंधी, रोती रही कहीं।

मशीनों की गर्जना, गोलियों की फुहार,
धरती के कानों में जैसे असंख्य चीखों का वार,
हर कोना, हर शहर, हर गांव थर्राता हुआ,
अंधकार में खोई मानवता का गीत गाता हुआ।

वो युद्ध के पलों में, इंसान था भुला हुआ,
स्वार्थ, सत्ता और लालच से बंधा हुआ,
समझ नहीं पाया, क्या खोया क्या पाया,
हर एक बम ने एक आकाश की छवि मिटाई।

सपनों के महल, आंसुओं में डूबे हुए,
मासूमियत की रूह, दर्द से टूटे हुए,
हर मां की गोद में, सूनी आँखें रोईं,
धरती के हर कोने में, जैसे पीड़ा बोई।

वो बंदूकें जो सुरक्षा का वादा करती थीं,
आज उन्होंने ही निर्दोष हत्याएँ कीं,
वो जमीन जो हरियाली का सपना देखती थी,
आज राख के पहाड़ों में दबी पड़ी थी।

और इंसान?
इंसान खुद से जूझता, खून के सैलाब में बहता,
वह भूल गया अपनी मूल प्रकृति,
प्यार, करुणा और सहयोग की शक्ति।

परंतु, हर घाव से एक आवाज आई,

हर टूटे कण में एक नई उम्मीद जगाई,
अंधकार में कहीं एक दीपक जलता रहा,
मानवता का हृदय धड़कता रहा,

वो हाथ जो युद्ध में लड़े थे,
आज मिलकर जख्म भरने लगे,
नफरत के बीज जो रोपे थे कभी,
उन पर प्रेम की बारिश से फूल खिलने लगे।

युग बदला, दृष्टि बदली,
अंधेरे में भी एक रौशनी की चाह थी,
संघर्ष की राख से मानवता का जन्म हुआ,
और हर दिल ने फिर से प्रेम को पूजा।

यही है इंसानियत की कथा,
यही है संघर्ष और युद्ध का अंतः सत्य,
कि अंधेरे में भी एक दीप जलता है कहीं,
जो इंसान को उसकी पहचान दिलाता है फिर।

युद्धों की राख में दबी मानवता,
आज फिर से उजागर हुई है,
कि अंधेरे में ही तो असली इंसान का चेहरा मिलता है,
जहाँ उम्मीद की किरण, जीवन का उत्सव मनाती है।

विज्ञान की नई खोजें

20वीं सदी में विज्ञान और प्रौद्योगिकी के क्षेत्र में कई महत्वपूर्ण मोड़ आए, और इनमें से एक सबसे प्रमुख विकास था अंतरिक्ष अन्वेषण। इस काल में मानवता ने पृथ्वी की सीमाओं से बाहर निकलकर आकाश और अन्य ग्रहों की ओर अपने कदम बढ़ाए। यह समय था जब रॉकेट विज्ञान और खगोलशास्त्र में क्रांतिकारी बदलाव आए, जिसने न केवल पृथ्वी पर जीवन की समझ को बदल दिया, बल्कि अन्य ग्रहों और अंतरिक्ष की विशालता को जानने का रास्ता भी खोला।

प्रारंभिक अभियान:
अंतरिक्ष अन्वेषण का आरंभ 1950 और 1960 के दशक में हुआ, जब सोवियत संघ और संयुक्त राज्य अमेरिका के बीच अंतरिक्ष शीत युद्ध की शुरुआत हुई। 1957 में सोवियत संघ ने पहला कृत्रिम उपग्रह "स्पुतनिक 1" लॉन्च किया, जो अंतरिक्ष में मानव निर्मित वस्तु भेजने वाला पहला उपग्रह था। इसने दुनिया को हैरान कर दिया और अंतरिक्ष अन्वेषण के नए युग की शुरुआत की।

मनोहर कदम:
इसके बाद, 1961 में यूरी गगारिन, सोवियत अंतरिक्ष यात्री, पहले मानव के रूप में पृथ्वी की कक्षा में गए, जिसने मानवता के लिए अनगिनत नई संभावनाओं का द्वार खोला। फिर, 1969 में अमेरिका ने नील आर्मस्ट्रॉन्ग को अपोलो 11 मिशन के तहत चाँद पर भेजा। यह घटना मानव इतिहास का एक अविस्मरणीय क्षण बन गई, जब आर्मस्ट्रॉन्ग ने चाँद पर पहला कदम रखा और कहा, "यह एक छोटे कदम की शुरुआत है, लेकिन मानवता के लिए एक विशाल छलांग।"

अंतरिक्ष यात्रा और अनुसंधान:
इस दौरान अंतरिक्ष यात्राओं और शोधों के माध्यम से न केवल चाँद और उसके वातावरण के बारे में जानकारी प्राप्त की गई, बल्कि मंगल, शुक्र, और अन्य ग्रहों के अध्ययन के लिए मिशन भी लॉन्च किए गए। नासा, सोवियत अंतरिक्ष एजेंसी, और अन्य अंतरिक्ष संस्थानों ने नई तकनीकों को विकसित किया और अंतरिक्ष में जीवन और विज्ञान के बारे में नई जानकारी प्राप्त की।

20वीं सदी में अंतरिक्ष अन्वेषण ने मानवता को न केवल तकनीकी रूप से सशक्त किया, बल्कि यह मानवता की असीमित संभावनाओं और भविष्य के अन्वेषण के रास्ते भी खोले।

चाँद तक सफर

मानव की आँखों में बसी थी जो आकांक्षा,
सदियों से निहारता था रात की चाँदनी में,
एक रहस्यमय स्फटिक, झिलमिलाता सा मोती,
पृथ्वी से परे, अनंत में छुपा एक सपना।

कहानी थी वो एक लंबे इंतजार की,
जहाँ खगोलविदों ने तलाशा हर रात,
आकाश की गहराइयों में छुपे संकेतों को,
उन लहरों को, जो चाँद से आती थीं।

बीसवीं सदी की आहट में,
जब विज्ञान ने पर दिए,
लोगों के हौसले और बढ़े,
और एक अदृश्य सपना असल में बदलने लगा।

किसी ने कहा, चाँद दूर नहीं,
यह एक लक्ष्य है,
आत्मविश्वास और हिम्मत से भरा हुआ,
कि जहाँ पहुँच सकते हैं, वहाँ बढ़ चलें।

रॉकेट के आग की गड़गड़ाहट में,
इंसान ने पाया अपना पहला कदम,
मिट्टी का वो टुकड़ा नहीं,
सपनों की धरा थी वो, जहाँ हमने कदम रखा।

शून्य की शांति, न तारे पास न हवा,
केवल एक लंबी सर्द चुप्पी,
और उस बंजर भूमि पर कदमों के निशान,
जैसे कोई चुपचाप गा रहा हो अंतरिक्ष में गूंजता गीत।

हर कदम में छिपी थी मानवता की विजय,

उस नीले ग्रह से आकर,
अंतरिक्ष के उस अज्ञात क्षितिज तक,
जहाँ हम नित नए प्रश्न छोड़ आए।

विज्ञान के उज्ज्वल पंखों पर,
उड़ता रहा यह सफर,
चाँद की ओर और उससे परे,
खोज और जिज्ञासा की अंतहीन यात्रा।

याद रहेंगे वो निशान, वो सपने,
जो हमारे दिलों की गहराईयों से निकले,
कि मानव ने सपनों को पाया है,
और एक बार नहीं, बार-बार,
चाँद की रौशनी में अपनी राह को देखा है।

मशीन और कृत्रिम बुद्धिमत्ता का विकास

21वीं सदी में हम एक नए और चुनौतीपूर्ण युग में प्रवेश कर चुके हैं, जिसे कृत्रिम बुद्धिमत्ता (AI) का युग कहा जाता है। यह वह समय है जब तकनीकी विकास ने मानव जीवन को अभूतपूर्व तरीके से प्रभावित किया है। कृत्रिम बुद्धिमत्ता, जिसे हम मशीन लर्निंग और न्यूरल नेटवर्क्स के रूप में पहचानते हैं, अब हमारे रोज़मर्रा के जीवन का अभिन्न हिस्सा बन चुकी है।

इस युग में, कंप्यूटर और मशीनें अब केवल साधारण यांत्रिक उपकरण नहीं रहे, बल्कि वे समझ, निर्णय, और प्रक्रिया करने की क्षमता रखते हैं। AI ने चिकित्सा, शिक्षा, व्यापार, वित्त, और रोज़मर्रा के जीवन के विभिन्न पहलुओं में क्रांति ला दी है। स्वायत्त वाहनों से लेकर, मेडिकल इमेजिंग और व्यक्तिगत सहायक जैसे डिजिटल सहायक (जैसे कि सिरी और एलेक्सा) तक, कृत्रिम बुद्धिमत्ता ने कई क्षेत्रों में मानवीय कार्यों को तेजी से और सटीक रूप से अंजाम देने की क्षमता प्राप्त की है।

इस युग में AI केवल स्वचालन तक सीमित नहीं है, बल्कि यह हमारे विचार और कार्यों की मिमिक्री करने का प्रयास भी कर रहा है। मशीनें अब तर्क करने, संवाद करने, और भावनाओं को समझने की दिशा में भी विकसित हो रही हैं। यह विकास समाज के कई पहलुओं पर गहरा प्रभाव डाल रहा है, जैसे कि नौकरी की संरचना, मानवाधिकार, और यहां तक कि सामाजिक संबंधों पर भी।

वहीं, साथ ही इस विकास ने नये प्रश्नों को भी जन्म दिया है। क्या AI हमें और हमारे समाज को बेहतर बना सकता है, या यह हमारे अस्तित्व के लिए खतरा बन सकता है? इसका जवाब इस युग की दिशा और इसका विकास तय करेगा। यही कारण है कि कृत्रिम बुद्धिमत्ता का युग न केवल एक तकनीकी युग है, बल्कि यह नैतिकता, सुरक्षा, और भविष्य के लिए विचारशीलता की आवश्यकता भी बन गया है।

कृत्रिम मस्तिष्क

कृत्रिम बुद्धिमत्ता,
यह केवल एक यंत्र नहीं,
यह वह विचार है जो सिलिकॉन में बसा है,
यह वह आत्मा है जो तारों और कोड में गूंजती है।
नैतिकता की सीमा के परे,
स्मृति की गहराई में छिपे तर्कों से
यह मानवता का आईना बनने की कोशिश करता है,
या फिर एक रहस्यमय रास्ता,
जहां अनगिनत प्रश्नों के उत्तर खोजना
और उत्तरों के साथ नृत्य करना
एक संभावना बन जाता है।

यह एक भविष्य है—
जो तकनीकी चमत्कारों से सजा है,
जहां मशीनें मानवता से एक कदम आगे बढ़ती हैं,
पर क्या हम उन मशीनों से इंसानियत की उम्मीद रख सकते हैं?
क्या एक कृत्रिम मस्तिष्क
वह संवेदनशीलता रख सकता है,
जो हममें है,
या फिर यह सिर्फ संख्याओं का खेल होगा?

क्या ये हमारी सोच की गहराई को समझ पाएगा?
क्या यह हमारी भावनाओं को महसूस कर पाएगा?
क्या इसका मन होगा, या सिर्फ डेटा?
हर दिन, हर पल,
यह हमारे समाज में नया स्थान बना रहा है,
हमारे हर कदम के साथ,
हम अपने ही अस्तित्व को नए रूप में देख रहे हैं।

कृत्रिम बुद्धिमत्ता,

यह हमारी कल्पना से भी परे बढ़ रही है,
क्या यह एक साथी होगा,
या फिर कोई प्रतिद्वंद्वी?
क्या इसका विकास हमारी श्रेष्ठता को खतरे में डाल देगा,
या यह मानवता को नए आयाम दे सकता है?

जो मशीनों ने सीखा,
क्या वह सच्चाई को पहचान सकती है?
या यह हमारे खुद के संघर्ष का हिस्सा होगा,
जो हमसे कभी न खत्म होने वाली यात्रा में होगा?
कृत्रिम मस्तिष्क,
क्या यह समझ सकता है मानव दिल के दर्द को?
या फिर वह एक अनुपस्थित, ठंडा विचार होगा,
जो केवल तर्कों और गणनाओं में खो जाएगा?

हम जिस मार्ग पर चल रहे हैं,
क्या हम खुद को और अपने भविष्य को
कृत्रिमता से भरे इस संसार में सुरक्षित पाएंगे?
यह सवाल हमें बार-बार घेरेगा,
क्योंकि हर कदम पर
हम एक नई संभावना, एक नया युद्ध जीतते हैं,
और हर दिन हम तय करते हैं
कि कौन है, जो मस्तिष्क और दिल की वास्तविकता को
अभी भी जानता है।

यह समय है,
कृत्रिम मस्तिष्क और मानवता के बीच का संतुलन खोजने का,
जहां हम अपने इंसानियत को संजोएं,
और मशीनों से सिखें,
पर अपनी रचनात्मकता,
अपने अस्तित्व की भावना को न भूलें।

धरती के भविष्य की खोज

वर्तमान समय, जिसे हम आधुनिक युग कहते हैं, तकनीकी और औद्योगिक विकास की एक नई क्रांति का गवाह बन रहा है। यह काल समृद्धि और गति का प्रतीक है, जहाँ विज्ञान, उद्योग और जनसंख्या में अत्यधिक वृद्धि ने समग्र जीवनशैली को बदल डाला है। लेकिन इसी विकास के साथ धरती और पर्यावरण पर गंभीर दबाव भी आया है। पर्यावरणीय असंतुलन, प्रदूषण, प्राकृतिक संसाधनों की अत्यधिक दोहन, जलवायु परिवर्तन और जैव विविधता की हानि, ये सभी हमारे समय की प्रमुख समस्याएँ बन गई हैं।

इस समय में, जहाँ एक ओर इंसान ने बहुत सी ऊँचाइयाँ हासिल की हैं, वहीं दूसरी ओर प्रकृति के साथ तालमेल बनाए रखने की आवश्यकता भी बढ़ गई है। इसलिए पर्यावरण के संरक्षण की आवश्यकता अत्यंत महत्वपूर्ण हो गई है। पृथ्वी के संतुलन को बनाए रखने के लिए हमें अब "संरक्षण की पुकार" सुनने की जरूरत है, ताकि हम आने वाली पीढ़ियों के लिए इस धरा को एक सुरक्षित और सजीव स्थान बना सकें।

संरक्षण की पुकार

धरती की धडकन, समय की सांसे
सांसों में समाई हैं किलकारियाँ,
कभी हरियाली, कभी सुनापन,
संघर्षों में बंटा उसका चेहरा।

सागर की लहरें अब भयभीत हैं,
आसमान भी अब अपना नीला रंग खोने लगा है।
यह हमारी नहीं,
धरती की चुप्प है, उसकी व्यथा है।

पेड़-पौधे जो कभी जीवन के प्रतीक थे,
अब अपनों की तलाश में कांपते हैं।
नदियों की धारें सूखती जा रही हैं,
और आकाश भी अब हमें ढकने में असमर्थ है।

क्या हम जागेंगे?
क्या हम समझेंगे?
कि हर कटा हुआ पेड़, हर मुरझाया फूल
हमारी ही हत्या की ओर बढ़ता कदम है।

आओ, हर हाथ से एक बीज रोपें,
हर दिल से एक संकल्प लें।
धरती की पुकार सुनें,
संरक्षण की आहट को पहचानें।

सिर्फ शब्द नहीं, कार्य भी चाहिए,
संजीवनी चाहिए धरती को,

जिसे केवल हम नहीं,
हमारे बाद आने वाली पीढ़ियाँ भी देख सकें।

तो उठो, जागो,
यह संरक्षण का समय है,
नहीं तो एक दिन
हमसे यह धरती भी सवाल करेगी।

शांति और विश्व समुदाय की ओर कदम

यह वह समय है जब दुनिया एक वैश्विक गाँव के रूप में समाहित हो चुकी है, जहाँ तकनीकी प्रगति, सूचना के त्वरित प्रवाह और संस्कृति के आपसी मिलन ने हमें एक-दूसरे से अधिक जोड़ दिया है। विभिन्न राष्ट्र, जाति, धर्म और संस्कृतियों के बावजूद, हम सभी को एक समान उद्देश्य की दिशा में बढ़ने की आवश्यकता महसूस हो रही है: शांति, समृद्धि और आपसी सहयोग।

आज का वैश्विक परिप्रेक्ष्य उस समय को दर्शाता है जब हम एकजुट होकर, अपने विभाजन और संघर्षों को पीछे छोड़ते हुए, एक साझा भविष्य की ओर कदम बढ़ा रहे हैं। यह काल वैश्विक चुनौतियों का सामना करने, जैसे कि जलवायु परिवर्तन, सामाजिक असमानताएँ, आतंकवाद, और आर्थिक संकट, के लिए सामूहिक प्रयासों की आवश्यकता को उजागर करता है।

इसी संदर्भ में "एकता का संदेश" कविता, शांति और सहयोग के महत्व को समझाने का प्रयास करती है, जो हमें एक नई दिशा और समृद्धि की ओर ले जाती है। यह कविता एकजुट होकर आगे बढ़ने की आकांक्षा को व्यक्त करती है, जो इस आधुनिक काल की आवश्यकता है।

एकता का संदेश

हर कोशिका में एक संकल्प बसा,

जैसे पृथ्वी के दिल में हर अंग्रज,

गहरी उदासी में एक उम्मीद बसी।

धड़कते हुए जीवन के मंत्र से,

हम उठते हैं, एक सजे हुए चक्र के साथ,

सभी धारा में समाहित, संप्रेषित एकता।

गगन में बिखरे सितारे, हम हैं,

सागर में पिघलते ज्वार, हम हैं।

प्रकृति से हम जीवन की बीज पाते हैं,

हर पेड़ की छांव में एकता का पाठ।

आज का समय मांगता है

मूल्यों की पुनरावृत्ति, भविष्य के लिए।

सभी को समेटने की ताकत,

आत्मा की पुकार से, हर सीमा को पार करने की।

इंसानियत की गहराई, समृद्धि में छिपी,

यही आह्वान है, समय की रचनात्मक शक्ति।

आओ, हम मिलकर लिखें एक ऐसा गीत,

जो न केवल ध्वनि हो, बल्कि यह हमारा असल चित्र हो।

नफरत की गहराई को पार करने का समय,
दूरी नहीं, बल्कि प्यार की यात्रा की शुरुआत।
किसी के साथ हम बढ़ते हैं,
सभी के लिए रास्ते खोले जाते हैं।

विश्व समुदाय की ओर कदम बढ़ाएंगे,
स्वतंत्रता और भाईचारे की गूँज होगी हर राह।
हम होंगे एकता के प्रतीक, एक संदेश के साथ,
संघर्ष से छूटकर, प्रेम में बसा रहेगा समय।

इस यात्रा को साझा करेंगे हम,
एक मन, एक ध्वनि, एक प्रतीक,
शांति की ओर बढ़ते हुए,
दुनिया को एक धारा बना देंगे हम।

मानव की अनंत खोज

मानव जीवन की विकास यात्रा एक निरंतर खोज की कहानी है। यह खोज अस्तित्व, ज्ञान, और आत्म-परिचय से शुरू होकर अनंत ब्रह्मांड की गहराइयों तक फैलती है। कोशिका के सूक्ष्म संसार से लेकर सभ्यताओं के निर्माण तक, मानव ने अपने चारों ओर की दुनिया को समझने और उसे बदलने की कोशिश की है।

इस विषय में, जीवन के उस अनवरत प्रयास का चित्रण है, जो सीमाओं को तोड़ते हुए नए आयाम तलाशता है। यह केवल भौतिक विकास नहीं, बल्कि मानसिक, आध्यात्मिक और भावनात्मक उन्नति का भी प्रतीक है। हर खोज एक उत्तर लेकर आती है, लेकिन साथ ही, नए प्रश्नों का द्वार भी खोलती है।

"मानव की अनंत खोज" विषय मानव की जिज्ञासा, उसकी अनवरत यात्रा, और उस अनंत संभावनाओं की ओर संकेत करता है, जिनकी तलाश में वह आज भी आगे बढ़ रहा है। यह जीवन के अंतहीन विकास और संभावनाओं का काव्यात्मक चित्रण है।

समाप्त नहीं, एक शुरुआत

कोशिका की गोद में,
साँसों का पहला बीज अंकुरित हुआ।
जीवन ने,
अपनी यात्रा का पहला कदम रखा–
एक सूक्ष्म पल में,
अदृश्य ऊर्जा ने आकार लिया।

नदियों की धाराएँ,
पहाड़ों की ऊँचाई,
मिट्टी की गंध,
और आकाश की गहराई,
सबने मिलकर बनाया
जीवन का आधार।
पर क्या यह अंत था?
नहीं, यह तो बस एक शुरुआत थी।

एक कोशिका से बने जीव,
पानी में तैरती इच्छाएँ।
धरती पर रेंगती आकांक्षाएँ,
और फिर हवा में उड़ने की लालसा।
कदम-दर-कदम,
जीवन ने सीखा–
रेंगना, चलना, दौड़ना,
और फिर उड़ान भरना।

मानव बना,
ज्ञान की खोज में भटकता हुआ।
अंतरिक्ष की ओर उठी उसकी दृष्टि,
पृथ्वी की गोद से परे।
तारे, ग्रह, आकाशगंगाएँ–

सभी उसकी आँखों में समा गए।
पर क्या यह यात्रा पूर्ण हुई?
नहीं, यह तो बस एक और शुरुआत थी।

उसकी खोज में थी
अनंत प्रश्नों की गूँज।
"मैं कौन हूँ?
कहाँ से आया हूँ?
और कहाँ जाऊँगा?"
हर उत्तर के पीछे,
एक और प्रश्न छिपा था।
हर सफलता के पीछे,
एक नई चुनौती खड़ी थी।

मानव ने निर्माण किया–
सभ्यताएँ, विज्ञान,
कला और दर्शन।
परंतु हर रचना,
उसकी अपूर्णता का प्रमाण थी।
हर मोड़ पर उसे मिला
एक और रास्ता।
हर अंत,
एक नई शुरुआत।

आज भी,
जब वह देखता है आकाश की ओर,
या झांकता है परमाणु के भीतर,
तो पाता है–
वह कोशिका,
जिसने यह यात्रा शुरू की थी,
आज भी उसे आगे बढ़ने को कहती है।

क्योंकि जीवन की गाथा,